现代信用理论与实践
系列丛书

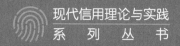

商业信用征信

COMMERCIAL CREDIT REPORTING

关伟　袁星煜　左波 ◎ 主编

中国金融出版社

责任编辑：黄海清

责任校对：潘　洁

责任印制：程　颖

图书在版编目（CIP）数据

商业信用征信/关伟，袁星煜，左波主编 . —北京：中国金融出版社，2018. 12

（现代信用理论与实践系列丛书）

ISBN 978 - 7 - 5049 - 9889 - 7

Ⅰ. ①商…　Ⅱ. ①关…②袁…③左…　Ⅲ. ①商业信用—研究

Ⅳ. ①F830. 56

中国版本图书馆 CIP 数据核字（2018）第 272660 号

商业信用征信

Shangye Xinyong Zhengxin

出版
发行　**中国金融出版社**

社址　北京市丰台区益泽路 2 号

邮编　100071

印刷　北京市松源印刷有限公司

尺寸　169 毫米 × 239 毫米

印张　15. 25

字数　236 千

版次　2018 年 12 月第 1 版

印次　2018 年 12 月第 1 次印刷

定价　48. 00 元

ISBN 978 - 7 - 5049 - 9889 - 7

如出现印装错误本社负责调换　联系电话（010）63263947

现代信用理论与实践系列丛书

编委会

本书编委会

总　序

信用是市场经济运行的前提与基础。市场经济主要通过市场机制实现资源配置，而作为市场机制核心内容的商品交换的基本原则是建立在信用基础上的等价交换。随着交换关系的复杂化，整个经济活动被彼此相连、互为制约的信用关系所联结。这种信用关系作为一种独立的经济关系维系、支持、形成市场秩序。可以说，没有信用就没有交换与市场，也就没有经济活动存在与扩大的基础，更难以形成人类赖以生存和发展的社会秩序。

现代经济既是市场经济，更是信用经济。自商业交易发轫之始，信用对经济运行，进而对道德文化、法制理念和社会秩序等方方面面的影响便深远悠长。伴随社会变迁和文明交流，各国都已将信用作为经济社会发展中的基本理念和基础原则，并致力于打造符合各自发展需要的信用体系，形成了多样化的信用体系建设模式。

信用体系建设模式并无优劣和先进落后之分，唯有建设水平的差异与不同。发达国家信用体系建设实践起步和探索早，在信用意识普及、信用环境优化、信用秩序规范、信用产品服务和信用工具运用等方面发展良好，极大地发挥了信用对经济发展和社会运行的积极作用。对于新时代中国特色社会主义现代经济建设具有重要的经验借鉴。

我国改革开放 40 年来，随着中国特色社会主义市场经济建设进程的推进与不断完善，市场信用交易规模迅速扩大，市场结构逐渐优化，信用关系日益渗透于社会生活的各个方面。全社会对于信用观念、信用行为及信用管理制度安排与社会信用体系建设重要性的认识普遍提高。人们对于信用管理、信用基础设施建设、失信惩戒机制与相关法律建设、完善的呼声日益强烈，对于信用管理活动及实践发展效用的认知日益深化。

围绕上述领域，越来越多的教学、科研、政府及第三方机构不断从理论探索、教学科研和实践发展等方面深入研究和推进，为我国现代信用理论与实践发展作出了重要贡献。

商业信用中心作为国务院国有资产监督管理委员会举办、中央机构编制委员会办公室于 2002 年正式批准设立，国家事业单位登记管理中心注册登记的国家中央事业单位，其职能是为维护社会经济秩序提供商业信用服务。中心目前拥有"国有企业供应商信用管理平台""公共资源交易信用服务平台""信用商业""商业信用培训平台"等覆盖全行业企业商业信用信息系统及专业权威的信用信息资源与基础数据库，包括国家最具权威的企业信用等级评价指标体系、模型及商业信用服务新型专业化平台，可为政府部门及信用中介机构提供翔实、可靠、动态、及时的信用信息参考依据。

近年来，商业信用中心积极响应国家构建覆盖全社会信用体系建设规划要求，依托中心专业权威的专家委员会、海量商业信用数据库和十余年来的行业积累以及强大的技术能力，保证了信用评级评价工作具有专业性、权威性、公允性。先后主持承担并完成了国家发展改革委、财政部、商务部、工信部、国资委、国管局等相关部委的信用相关课题研究和行业标准起草、制定和修订，主持和开展了中石化集团、鞍钢集团、中国航发集团等中央企业供应商法人信用评价等项目，增强了企业信用观念和风险防范意识，实现企业信用信息的公开与共享，促进企业诚信经营，推进国家层面的商业信用评级体系建设。

中国人民大学是国内最早开设信用管理专业的院校，早在 2001 年，中国人民大学财政金融学院秉承"高起点、有特色、国际性、重实践"的建设理念，在教育团队建设、教学方式创新、应用前沿实践、学科水平等方面都取得了显著成效。累计培养信用管理专业或方向毕业生千余名，编写和出版了经济管理类课程信用系列教材，完成数十项重大课题，开创了我国高校信用管理专业教育发展的新局面，成为信用管理领域教学科研的"领头羊"。以信用管理教学科研团队为核心的中国人民大学信用管理研究中心（CMRC），依托学校人文社会科学优势资源，专注于理论研究、政策咨询、信用管理科研成果转化应用等社会服务。先后参与了《社会信用体系建设规划纲要（2014—2020

年）》讨论起草、社会信用体系建设示范城市评估、前海蛇口自贸片区信用体系的建设与培训、惠州社会信用体系建设规划等工作，与中国人民银行征信中心等业界机构建立了良好的合作关系。

商业信用中心与中国人民大学信用管理研究中心的战略合作已有十余年，在商业信用理论与实践研究、商业企业评价评级、第三方信用机构服务等方面都取得了丰硕成果，本套"现代信用理论与实践系列丛书"即是双方战略合作成果的集中展示。

本套丛书从国内外的实践发展与先进经验出发，立足我国国情，坚持中国特色，致力于服务新时代信用理论发展和信用体系建设。通过梳理基础实践、借鉴总结经验、比较发展模式，明确实践方向、完善路径机制、凝练实务成果、丰富场景应用、探求理论创新。致力于我国信用管理学科建设与行业人才培养体系完善，助力推动社会信用体系建设。

本套丛书既可作为高校教学辅助教材，也可作为相关领域从业者、研究人员和管理人员学习参考书。由于时间仓促及水平有限尚有许多不足之处，敬请广大读者、学界同仁、业界专家批评指正。

现代信用理论与实践系列丛书编委会

2018 年 12 月

前　言

我国商业历史悠久，司马迁在《史记》中专用《货殖列传》一章来阐释中国商业发展实践及其商业思想，开启了研究中国商业史的先河。商业的发展以及赊销等信用交易方式的广泛运用，推动了信用经济的形成和发展。信用作为市场经济的基石，已经广泛深入经济社会生活各领域，并反过来对现代信用体系的建设和完善不断提出更高要求。改革开放以来，随着中国现代商业形态的形成和发展，中国的信用经济也在快速发展。研究和理解商业领域的信用问题，已成为分析和把握中国市场经济运行的重要基础。

信用交易是以授信人对受信人的信任为前提和基础的，在信息不对称的客观环境下，逆向选择和道德风险问题的存在增加了信用交易的成本和风险，使授信人对受信人无法作出足够的信任判断，容易导致信用交易终止或不畅，从而引致商业交易效率的下降，对经济社会发展带来负面影响。而作为信用交易中信息征集和处理的关键角色，征信机构出现并通过自身的第三方专业技术，为信用交易提供专业的信息服务，有效降低了信息不对称对信用交易的阻碍，大大提升了市场运行效率。

追本溯源，征信是随着商品经济的产生和发展而产生、发展的，是为信用活动提供的信息服务。全球征信业的发展历程，也印证了征信业的产生及不同征信体系模式的形成路径。在现代信用经济时代，征信已不仅限于保障信用交易本身，业已成为现代金融体系运行的基石，是金融稳定的基础，并对社会信用体系建设至关重要。

中国现代意义上的征信从 20 世纪 80 年代开始，进入 21 世纪后加速发展，至今发展 20 余年。虽然发展时间不长，但社会公众对征信的认知逐步深入，接受度不断提高，尤其是在社会信用体系建设的推动下，公众对信用评价及信用信息征集切身感受到就在身边，征信已经渗透到社会生活的方方面面。

在征信的发展和研究中，多是从个人征信和企业征信两个维度展开。虽然是征信的两个并列范畴，但个人征信的主体是"自然人"，相对于企业征信的"法人"，在主体权益、隐私保护等方面具有更加多样化的要求和更加严格的限制。由此，个人征信领域的管理和运行相比企业征信领域要复杂、全面、丰富和谨慎得多。而在企业征信领域，根据被征信主体的不同和交易性质的区别，又可分为商业信用征信、金融信用征信等多个类别。从商业史或研究商业领域信用的角度看，有必要对商业信用交易中的征信问题进行专门研究，即"商业信用征信"问题。从口径来看，商业信用征信要隶属传统的企业征信的大范畴，企业征信范畴外即是个人征信。

本书从信用发展角度，阐述了信用进而商业信用征信的内涵、特征、原则及系统。在理论层面，重点分析了商业信用征信的最基础理论，强调理论的针对性和解释性。在实践层面，介绍了目前三大主流征信模式，分析了代表性机构，并对我国商业信用征信机构的发展历史和最新实践进行梳理。在具体业务上，介绍商业信用征信的业务范围，阐述了业务操作流程。在数据管理上，介绍了征信数据采集和处理的具体方法，阐述了征信数据安全存储与维护的基本要求。在商业信用征信报告编制与解读上，介绍了征信报告的编制方法，并以样本为例阐述了征信报告解读的主要内容。在商业信用征信的管理上，介绍了征信管理的主要方式，阐述了我国商业信用征信的管理体系。最后，对商业信用征信当前热点问题和未来发展前景进行展望。

中国征信业正面临重要发展机遇，商业信用领域的征信市场发展也方兴未艾。随着越来越多的机构和人才参与到商业信用征信的研究和实践，商业信用征信发展将更加丰富和完善。

参加本书编写的人员如下：第一至三章，关伟、黄鸿星；第四、第五章，袁星煜、于博文、杨燕；第六章，黄鸿星、冯彩虹；第七章，袁星煜、黄鸿星；第八章，黄鸿星、宗民、张坤、张文博。在本书编写过程中，关伟、袁星煜负责前期策划，黄鸿星、宗民、杨燕负责全书的校对与调整，最后由编委会主要负责同志通读全书并审定。

笔者在教学、实践业务与编写过程中深深认识到：商业信用征信既是现代经济管理的重要内容，又是一个需要在实践中不断丰富和发展的课题。对于本书的编写完成，笔者虽然付出了很大的努力，但难免存在不尽如人意之处，恳请读者批评指正！

编者

2018 年 12 月

目　　录

第一章　商业信用征信概述

第一节　信用与商业信用的内涵

一、信用的内涵

信用（Credit）一词具有悠久的历史和丰富的内涵。在经济和日常生活中，人们所说及所指的信用并不完全相同。在日常生活中使用的"信用"一词，往往与诚信有关，是一个较为宽泛的概念。在通常意义上，可以从经济、道德和心理三个层面来理解"信用"。

（一）从经济层面理解信用

从经济角度理解"信用"，Credit 通常是指借贷、赊销、赊购等交易行为。信用可以定义为，受信人承诺事后按照约定的期限和条件还款而先行取得授信人的商品或服务，或者承诺事后按照约定的期限和条件支付商品或提供服务而先行取得授信人款项的经济关系。《中国大百科全书》对此的解释是，信用是借贷活动，是以偿还为条件的价值运动的特殊形式。在《辞海》中，对信用的解释有三层含义：一是信任使用；二是遵守诺言、实践成约，从而取得别人的信任；三是价值运动的特殊形式。其中，第三层的释义即是从经济层面对信用的解读。

从国外对信用的界定来看，马克思在《资本论》中对信用的描述是：信用，在它最简单的表现形式上，是一种适当或不适当的信任，它使一个人把一定的资本额，以货币形式或以估计为一定货币价值的商品形式，委托给另一个人，这个资本额到期一定要偿还。《新帕尔格雷夫经济学大辞典》对信用的解释是：提供信贷（Credit）意味着对某物（如一笔钱）的财产权给予让渡，以交换在将来的某一特定时刻对另外的物（如另外一部分钱）的所有权。《牛津法律大辞典》的解释是：信用（Credit），指在得到或提供货物或服务后并不立即而是允诺在将来给付报酬的做法。是否以利息的形式征收延期偿付的费用，由当事人决定。在现代社会和商业活动中，信用是非常重要的。一方是否通过信贷与另一方做交易，取决于他对债务人的特点、偿还能力和提供的担保估计。现代信贷领域已由专业化的金融机构、银行、信贷机构和其他机构所拓宽。

从上述定义中可以看出，信用是一个与经济交易有关的概念，这种经济交易不是"一手交钱，一手交货"的传统现货现款交易，而是"钱"与"货"的交换存在时间差的一种交易，即所谓的信用交易，因而会产生信用风险。另外，信用交易是以授信人对受信人的信任为前提和基础的。

因此，在经济层面，信用是以偿还为条件的价值运动的特殊形式，包含货币借贷和商品赊销等形式，信用的本质是一种债权债务关系，即授信人（债权人）相信受信人（债务人）具有偿还能力，而同意受信人所做的未来偿还的承诺。现代经济是信用经济，信用是与商品生产、货币流通、市场贸易和资本借贷等市场经济关系相联系的重要范畴。

（二）从道德层面理解信用

《辞海》对信用的界定中有两方面是从道德的角度而作出：一是信任使用；二是遵守诺言、实践成约，从而取得别人的信任。其中，第一种含义表明信任常被作为用人的一种资格要素，第二种含义则泛指社会生活中的信用。这两种信用含义都具有浓厚的道德色彩，因而属于"广义"的信用范畴，以区别于从经济层面对信用界定的"狭义"范畴。

在中国传统文化中，"信"是道德色彩极为浓厚的词语，是传统道德中的重要内容，侧重于做人方面的要求，即做人要诚实和恪守承诺。《论语·为政》提到："人而无信，不知其可也。"《孟子·尽心上》所谓："言语必信，非以正行也。"《墨子·修身》则提到："志不强者智不达，言不信者行不果。"

道德层面的信用不仅是个人处理人际关系应当遵循的基本道德准则，对国家层面的建设和发展也至关重要。如果社会上多数人都不讲诚信，互相缺乏信任，整个社会的交易成本将会提高，运转效率则会下降。在我国，崇尚诚实守信的风尚几千年来一以贯之，千百年来，诚信被中华民族视为自身的行为准则和道德规范。在国外，守信也是人们奉行的道德准则，在《圣经》中关于信用、信任的词汇也多次出现。

（三）从心理层面理解信用

信用的心理特征和基本表现是信任和安全感。在现实生活中常被提到的某人或某事"不可信"，指的便是信用的这种心理现象，强调是否有信任以及信任的程度。《辞海》中强调的"信任使用"，既是从道德层面对人的信任，也是从心理层面对人或事的一种信任的心理感受。

信任虽然属于心理范畴，但也可以被作为"资源"使用，如只有信任卖方提供的产品或服务的品质，才会与之进行交易，才会产生资金借贷和商品赊销等。在企业管理中，职业经理人制度也是信任被"使用"的表现之一。

随着现代经济的发展和信用形式的广泛运用，信任在经济层面也广泛作为"资源"或"资本"而被使用，信用进而成为"获得信任的资本"。从经济层面的狭义角度，信用作为一种资本，成为获得交易对手信任的经济资本，主要包括在金融借贷、有价证券交易、商业贸易往来等交易活动中，信用主体所表现出来的成交能力与履约能力。更狭义的信用，即获得金融借贷交易对手信任的经济资本，主要是指在银行借贷活动中，信用主体所表现出来的获得借贷的能力及按时还款、履约的能力。

综上所述，信用具有多重层面的范畴。信用既属于经济范畴（狭义信用），又属于道德和心理范畴（广义信用）。在经济层面，信用交易通常涉及资金往来，是否遵守信用直接影响到经济利益的得失。具体而言，失信行为将会造成授信人的直接经济损失，失信人从中获益；守信行为会给守信人带来"信任"和"资源"，从而有助于其获得更多的信用或交易机会。因此，正常的信用交易一般会降低交易成本，优化资源配置，从而有助于经济效率的提升。在道德层面，守信与否属于道德评价的范畴。不守信会引发负面的道德评价，从而对失信者形成道德压力；守信则会积累正面的道德评价，从而让守信者获得道德优势。在心理层面，信任是影响人们心理预期的重要因素。守信行

3

为会带来安全、稳定和积极的心理预期；失信盛行则会导致人们对社会发展的消极预期。

二、商业信用的内涵与特征

（一）商业信用的内涵

信用的概念有广义及狭义之分，在经济与金融运行层面，主要研究狭义角度的信用。在狭义层面，信用是以偿还为条件的价值运动的特殊形式，包括货币借贷和商品赊销等多种形式。从信用的种类来看，包括银行信用、商业信用等多类，前者侧重货币借贷特征，后者侧重商业赊销特征。其中，商业信用作为一种历史久远的信用形式，具有信用的一般特征，而作为一种独特的信用形式，商业信用又有自身的不少特性。在漫长的发展过程中，商业信用也形成了多种类型。

马克思在考察了19世纪资本主义制度下的商业信用后，将商业信用定义为"从事再生产的资本家互相提供的信用，这是信用制度的基础"。商业信用的英译为"Trade Credit"（也有人将其翻译为"商业信贷"），《新帕尔格雷夫货币金融大辞典》将"Trade Credit"定义为：一种在市场主体间由一般交易引起的短期资金融通形式。

在现代经济语境下，商业信用一般是指工商企业间在商品交易基础上直接发生的信用，即工商企业以赊销方式对购买产品的工商企业所提供的信用。商业信用本质上是一种特定的交易方式，换言之，并非所有的交易方式都可以定义为商业信用，只有工商企业在商品交易过程中产生的、商品的自然使用价值和以货币形式可衡量的价值实现由于种种原因无法同步，工商企业间由此产生的交易方式才是商业信用。同时，商业信用作为一种交易方式，其基本特征在于预先或延迟交割货物款项，及非同步交割对等价值，由此商业信用也是一种短期融资方式。

在实践中，企业信用也是被广泛使用的信用形式之一，并经常被认为是商业信用的别称，都被用来泛指一个企业法人授予另一个企业法人的信用。在某些情况下，企业信用可以作为商业信用的代称而使用；而在整体上，企业信用的范畴要包含商业信用，商业信用是企业信用的重要形式。一般情况下，若是工商企业主体间以赊销方式产生的信用，既可以被认为是商业信用，也可以被认为属于企业信用；若是非工商企业主体间或是非以商品赊销方式产生的信用，则可能被认为属于企业信用范畴，但不能被认为属于商业信用。

（二）商业信用的特征

商业信用的本质属性在于：一方面，出现在商业交易过程中，是一种工商企业间的买卖（交易）互动，从而使商业信用与纯粹意义上的货币以及实物形式的借贷行为区分开来；另一方面，在交易过程中，商品使用价值属性的实现与可以货币衡量的自身价值的转移非同步实现，由此具备借贷行为的特征，从而与货款现场轧差结清的现货交易不同。

商业信用除上述两方面本质特征外，还具有其他特征：

第一，商业信用与经济运行密切相关。商业信用是在商品交易过程中发生，与商品交易范围和规模息息相关，商品交易范围和规模随着经济的高涨与衰退呈现繁荣与萧条。由于商业信用与商品交易的密切相关性，商业信用也随着经济运行状况而变化。在经济繁荣阶段，社会投资增大，工业生产增长，商品流通扩大，以商业信用方式出售的商品增加，商业信用规模随之扩大；反之，在经济危机阶段，社会投资紧缩，工业生产下降，产品严重积压，商品流通阻滞，商业信用随之缩小。

第二，商业信用是一种直接融资行为。商业信用是交易双方以货币或商品形式进行的借贷行为，是一种融资活动。但这种融资活动不同于金融机构的借贷行为，发生商业信用的双方都是工商企业，是以交易的商品为中介，以货币形态（如预收预付货款）或以商品形态（赊购赊销）提供信用。商业信用提供者授予信用的主要目的是为了商品交易，而不是为获取利息。商业信用的直接融资性，体现为交易双方直接发生信用关系。

第三，商业信用具有融资双向性。商业信用与银行信用不同，银行信用是指银行或其他金融机构以货币形式提供的信用。银行信用是一种单向性融资，由银行向经济主体提供信用（贷款），或经济主体向银行提供信用（存款），而商业信用则可以双向融资。发生商业信用的双方可以互为对方提供信用。例如，甲方可以为乙方提供货币形态或商品形态的商业信用，乙方同时也可以为甲方提供商品形态或货币形态的商业信用。商业信用的双向性融资特性，把多个债权债务关系联结起来，形成了债权债务锁链。

第四，商业信用具有互惠性。在商品交易中，商业信用的提供者一般不收取利息，只为完成商品交易，授信方与受信方"两厢情愿"，同得实惠，以利于双方扩展生产经营。

第五，商业信用的授信与受信方式灵活。发生商业信用的双方可以根据不同情况，灵活提供或接受不同方式的商业信用。

第二节　征信的定义与特征

一、征信的产生与发展

征信活动的产生源于信用交易的发展。在商品经济不发达时，信用交易的范围很小，债权人比较容易了解对方的未来偿还能力，但在当前商品经济高度发达，信用交易范围日益广泛，特别是信用交易扩散到全国、全球范围时，信用交易的一方想要通过自我调查的方式了解对方的信用情况变得极为困难。此时，了解市场交易主体的信用情况成为一种需求，征信活动应运而生。可见，征信是随着商品经济的产生和发展而产生、发展，是为信用活动提供的信用信息服务。全球征信业的发展历程，也充分印证了征信业的产生及征信体系模式的形成。

全球征信业的萌芽始于 19 世纪，快速发展则是从 20 世纪 60 年代开始的。1830 年，世界上第一家征信公司在伦敦成立，该公司成立的初衷是为贸易双方提供对方背景和信用信息，防止交易双方的相互不信任和欺诈行为，减少交易摩擦。19 世纪中期，欧美主要国家纷纷成立征信机构。20 世纪 60 年代，征信机构进入快速发展时期。经过几十年发展，发达国家的征信服务业已经比较成熟，形成了较为完备的运作体系和法律法规体系，对各国经济发展和规范市场秩序起到了重要作用。

美国是世界上最早的征信国家之一。1849 年，John M. Bradstreet 在辛辛那提注册了首家信用报告管理公司，经过多年发展，逐步成为企业征信领域中规模最大、历史最悠久并最具有影响力的领先企业——邓白氏集团（Dun &

Bradstreet Corporation）。美国企业征信始于债权评级，穆迪公司创始人约翰·穆迪首次建立了衡量债券倒债风险的体系，并按照倒债风险确定债券等级。在个人征信领域，美国于 1860 年在纽约布鲁克林成立第一家信用局，目前，美国征信局分为 3 家大型公司与约 300 家小征信公司两大阵营。目前的美国个人征信产业市场实际上形成了以 Experian、Trans Union 和 Equifax 三大信用局为核心的个人信用体系。20 世纪 80 年代数据库已覆盖全美所有消费者的全部信用活动记录。

欧洲在全球征信业的发展中占据着重要地位。欧洲最著名的企业征信机构是格瑞顿公司（Graydon International Co.），这是一家成立于 1888 年的历史悠久的欧洲大型征信服务公司，有能力提供世界上 130 多个国家和地区的企业信用报告。欧洲的公共征信系统在一开始就是将企业征信与个人征信结合起来的，在此基础上的欧洲私营征信局系统也参照了该模式的发展。由于并购的盛行，美国征信机构的跨国并购，欧洲的私营个人征信机构逐渐被几家大的跨国公司所控制，欧洲私营个人征信机构具有明显的美国征信业特征。

在亚洲，日本征信业产生较早，发展引人注目。日本最早的企业征信公司为成立于 1892 年的商业兴信所，其业务主要面向银行提供征信。目前，日本征信业有代表性的征信机构是株式会社日本信息中心（JIC）、株式会社信用信息中心（CIC）和日本株式会社（CCB）。

在我国，征信一词最早见于《左传·昭公八年》。其中记录"君子之言，言而有征，故怨远于其身"。其中，"征"即征集、验证、求证，"信"即信用、诚实、信任，"君子之言，信而有征"意即，君子之言，之所以诚实可靠，是因为可以找到充分的证据加以佐证，这里"征信"合起来的含义即为验证信用。

近现代以来，中国大陆、香港、台湾等地使用"征信"一词来概括企业和个人信用调查。中国征信业的发展要追溯到 20 世纪 30 年代初在上海成立的"中国征信所"。1992 年，中国第一家专门从事企业征信的机构"北京新华信商业风险管理有限责任公司"成立。近年来，我国在征信领域的建设快速发展，全国统一的企业和个人信用信息基础数据库已经建成，形成了以中国人民银行为主的多层次征信机构体系。

二、征信的概念与特征

（一）征信的概念

征信的英译为 Credit Reporting，是由 Credit Report（信用报告）衍生而来，其含义可以表述为：对于个人信用状况和企业信用状况相关的信息进行采集、核实、整理、保存、加工并对外提供的活动。在实践中，征信表现为一种为信用活动提供的信息服务，即表现为第三方专业机构依法采集、核实、整理、保存、加工自然人、法人及其他组织的信用信息，并对外提供信用报告、信用咨询等服务，验证其信用，帮助客户判断、控制信用风险，进行信用管理的活动。征信为专业化的授信机构提供了一个信用信息共享的平台，因而也是一种信息分享机制。

征信有多种分类。按照收集和处理的信息主体的不同，征信可以分为个人征信和企业征信；按照业务方式的不同，征信可以分为信用等级、信用调查和信用评级；按照从事业务的机构所有权和经营者性质的不同，征信可以分为公共征信和私营征信，按照征信内容的不同，征信可以分为广义征信和狭义征信。

狭义的征信，即传统意义上的征信，是指对企业信用状况和个人信用状况相关的信息进行采集、核实、整理、保存、加工并对外提供的活动，包括信用信息等级、企业/个人信用调查和信用评级。在实践中，一般由专业的第三方机构依法从事上述征信活动。

广义的征信，则是在狭义征信基础上加上信用管理服务，即传统的企业资信调查、个人信用调查和信用管理服务。信用管理服务包括信用管理咨询、评分模型开发、商账追收、信用担保、信用保险和保理等。在企业全程信用信息管理中，提供的所有对企业信用风险进行防范、控制和转移的技术方法都可以被认为是广义的征信手段。还有一些数据服务于金融信息服务的机构所提供的征信业务，也可以看成是广义征信。

本书中"征信"用语的含义和范畴更多是基于狭义征信的理解。

（二）征信的内涵

征信作为市场经济条件下的一种专业化的信用信息服务，包含如下方面的内涵：

第一，征信的基础是信用信息。信用信息是自然人、法人及其他组织在经济活动中信用状况的记录，是交易主体了解利益相关方信用状况以及判断和控制信用风险的基础。信用信息主要包括金融信用信息、商业信用信息和社会信用信息。金融信用信息主要是信息主体从金融机构获得的授信及履约等信息，商业信用信息是信息主体与商业交易对手之间发生的信息，社会信用信息主要是信息主体参与各种社会活动所发生的信息。

第二，征信的主体是专业化的信用信息服务机构，即征信机构。征信机构是专门从事信用信息服务的机构，它根据自身判断及客户需求，采集、整理、保存、加工自然人、法人及其他组织的信用信息，向客户提供专业化的征信产品，征信机构在经济发展和社会活动中扮演着重要角色。

第三，征信信息主要来源于信用信息的提供者。信息提供者出于商业目的、协议约定或法律义务而向征信机构提供信息。征信机构从信息提供者处获得的信用信息越全面、质量越高，对信息主体信用状况的描述和评估就越准确。

第四，征信的服务对象主要是从事信用交易活动的各方主体，即信息的使用者。征信机构采集信息不是"自采自用"，而是根据信息使用者不同需求，在采集信息的范围、方式以及提供的产品和服务上各有侧重。信息使用者的需求引导征信机构的市场定位和发展方向。

第五，征信主要用于信用目的。用于交易主体了解交易对方的信用状况，供交易主体决策参考，是交易主体选择交易对手的依据之一，不代替决策本身。一般不用于其他目的，如处置经济纠纷、侦查刑事犯罪等，更不能用于刺探隐私等非法活动。

第六，征信的核心是建立"守信激励、失信惩戒"机制。征信服务既可以为防范信用风险、保障交易安全创造条件，也可以使具有良好信用记录的企业和个人以较低的交易成本获得更多的交易机会，而缺乏良好信用记录的企业和个人则恰好相反。

（三）征信的特征

第一，独立性。征信机构是独立于信用交易关系之外的第三方中介机构，在对外提供征信服务时处于独立的地位，以确保征信活动结果的公平、公正和公开。只是存在于交易双方间的信用管理和风险管理不属于征信，例如商业银行记录客户在本银行的信用信息用于客户管理或对客户进行内部信用评级不属于征信的范畴。

第二，信用信息性。征信机构的职能是收集社会各处的企业和个人信用信息，并在此基础上，为需求主体提供有助于其判断风险的信用信息服务。其本身并不参与授信方或其服务对象的经济活动，只参与价值的分配过程。

第三，客观性。征信活动涉及国家安全、企业商业秘密和个人隐私，信用信息的加工、整理、保存和出售，都必须基于客观中立的立场，依据真实的材料，按照一定的评估程序和方法，提供规范的征信数据和服务。

第四，时效性。由于征信对象的信用状况处于不断变化中，征信评估的结果反映的只是一定时期内的情况，只在一定时期内有效，因此征信数据必须及时更新，以确保征信结果的时效性。

第五，法制性。征信数据的采集需要法律支持。征信产品的使用，特别是信用报告、信用评分的使用范围，也需要法律的明确界定。如何实现征信体系发展与保护信息主体权益间的平衡，也需要征信立法来解决。

第三节　我国征信体系的划分

一、三大征信体系

征信体系是指在相关牵头部门的推动和组织下，按照一定的数据采集标准，对信用主体的信用信息进行采集、加工、核实和更新，以实现信用信息在体系内互联互通的信用管理运行机制。我国的征信体系建设历经十几年探索，初见成效，在中央政府部门、行业组织和地方政府层面以不同形式建设和发展，发挥着不同作用。我国征信体系围绕着三大数据体系不断建设和完善，即金融征信体系、行政管理征信体系和商业征信体系。

（一）金融征信体系

金融征信体系是以金融业主管部门为主导进行建设，以金融机构为主要用户，以授信申请人为主要征信对象，以信用信息在金融业内互通互联、共同防范信用交易风险为主要目的的金融业征信系统及信用管理运行机制的总称。

金融征信体系有两个基本特点：行业征信、准公共征信。金融征信体系主要采集的是金融机构传递的信用信息，主要的服务对象也是金融机构。此种情况下是行业征信，即征信是在行业内部进行，征信的结果也主要是为本行业服务。作为行业信用体系，金融征信体系首先要在金融业内进行信息共享，其次才是有选择地以有偿或无偿方式对外公开部分数据与信息，而公开信息的前提是不影响金融行业的安全。

目前，我国金融体系主要以银行业为主导，而银行业主要以国有控股为主导。金融征信涉及银行、证券、保险、信托、债券等，表现出多层次与多元化的复杂性，包含国有经济与市场化等特征，使得金融征信体系具有了准公共征信特点，一方面要坚持银行为社会公众服务的公共性，保护投资者利益，维护国家金融安全；另一方面要考虑到股东的利益以及信用信息的市场需求与价值。

人行征信中心是这个体系的核心，是信用信息采集、加工、传播的专业机构，主要以金融机构为采集对象，获取企业和个人的正面与负面授信信息，用于金融机构的授信信用风险管理，并在金融体系内信息共享，以降低交易风险，促进金融业的健康发展，保障金融安全。

（二）行政管理征信体系

行政管理征信体系是以中央、地方各级政府及其主要职能部门为主导，以政府及各职能部门为主要用户，以企业和个人为征信对象，以信用信息在政府及其各部门间互通互联、实现统一的信用惩戒与预警监管为主要目的的政府行政管理征信系统及运行机制的总称。

行政管理征信体系的最大特点是公共性，为政府综合信用监管服务。行政管理征信体系事实上是以电子政务为基础，以信用信息整合为切入点，实现政府及其职能部门间信用信息共享，形成反映企业和个人综合信用状况的基础数据，实现综合的、有针对性的、预先的监督与管理，以促进社会成员遵纪守法、诚信经营。

行政管理征信体系中的信用信息系统建设，是政府的内部工作，只要符合有关行政管理规定即可，主要为政府服务，很少参与市场。该征信体系主要用于政府部门对市场的监管与预警，其中大部分数据只能在政府内部共享，不能被服务中介所用。而部分基础数据或具有结论性的数据可以对外公布，主要用于对失信者实行惩戒，如信用公示、警告、行政处罚和取消市场准入资格等，应建立由政府部门、授信管理机构、公共服务机构共同参加的联控联防机制。

（三）商业征信体系

商业征信体系是以政府行业主管部门、行业协会组织及其会员为主导，以政府、企业、个人为主要用户，以商业企业为征信对象，以信用信息在组织内部及相应市场范围内互联互通、共同防范信用交易与管理风险为主要目的的商业征信系统及信用管理运行机制的总称。

商业征信体系的最大特征是市场化，信息特点是来源较为广泛，一般是交易性交换或有偿性提供。商业征信体系主要由征信机构、信用评级机构等信用服务中介机构对企业的信用信息进行采集、筛选和评估等。企业的信用信息包括企业市场交易的信息，也包括企业在商业银行贷款的基本记录，这些信息主要用于企业之间的交易活动。

我国商业征信体系的建设和发展将取决于我国经济体制改革与深化的发展程度，即取决于市场化水平，将取决于三大因素：一是授信机构是否真正承担风险、享受收益。这是我国商业征信体系生存的前提。在成熟的市场经济中，授信机构必须是独立的经济主体，必须按市场规则运作，独立承担风险并获取收益。二是受信人守信有益、失信受罚。这是我国商业征信体系发展的保障。只有如此才能赏罚分明，坚持正确的价值导向，保证市场交易与社会管理进入良性循环。三是中介机构以信息商品与服务为业务维持经营，其收益的大小取决于信用交易商品提供与服务需求的活跃程度。这是我国商业征信体系茁壮成长的条件。

我国商业征信体系将受到较多经济与社会因素限制，例如法律法规的保障程度、社会公众的信用意识，并且以信用交易活跃程度为基础。一个行业的发展，要有足够的社会交易活动支撑。在美国等发达国家，信用交易在全部市场交易活动中已占相当大的比重。只有信用交易得到发展，市场才可能对征信报告产生较大需求，才能促进征信行业的发展。

金融征信体系、行政管理征信体系和商业征信体系这三大数据体系在征信体系中应呈现"三足鼎立"的局面。这三大体系之间不是竞争关系，而是相互补充的，每个体系都有侧重点，都是为整体社会服务的，都是征信体系不可或缺的重要组成部分。

二、征信体系的作用

在经济社会交往中，相互间的信任在各类交往中发挥了重要的作用，自然人、企业、政府等各类主体间发生的各类行为中的信任关系，以及基于这些信任关系的各类规则，共同构成了一个地区的社会信用体系。

社会信用体系是以信用关系为主要内容，为促进社会各方信守承诺而进行的一系列安排的总称，包括法律制度安排，信用信息的记录、采集和披露机制，采集和发布信用信息的机构和市场机制，规范监管体制，信用宣传教育规范等各个方面。社会信用体系作为维系社会成员信用、促进社会成员诚实守信的制度安排，其最终目标是形成良好的社会信用环境。征信与征信体系作为社会信用体系的重要组成部分，在社会信用体系建设中的地位和作用至关重要。

征信和信用、诚信，是社会信用体系建设涉及的基本概念，也是社会信用体系的重要内容。诚信、信用是社会信用体系建设的目的，征信体系是建立社会信用体系的重要手段。征信体系通过对经济主体信用活动及时、准确、全面地记录，既帮助社会经济信息主体积累财富，也激励每个人养成诚信的行为习惯，进而推动建立社会信用体系，促进整个社会信用环境不断完善。

市场经济是信用经济，信用是市场经济运行的基石。在市场经济中，经济活动的发展建立在信用关系的不断扩展和延伸的基础之上，经济活动主体之间的关系主要体现为信用关系；在社会领域中，各类社会活动尤其是社会领域的失信行为，往往最终也会表现为或影响到市场主体之间的信用关系，譬如假冒伪劣、偷税漏税、抽逃出资等，都会从一个侧面反映或影响到行为主体在市场信用关系中的表现。而征信体系主要就是通过信用信息服务帮助交易双方了解交易对象的信用状况，建立起信用关系。

征信体系发展状况是衡量社会信用水平的重要指标。一个国家征信体系的覆盖面越广，信用信息采集与共享的范围越大，信用信息产品和服务越丰富、应用越深入，"守信激励，失信惩戒"机制就越健全，社会诚信意识和信用水平就越高。世界银行每年出版的《全球商业环境报告》将征信覆盖率和信用信息指数作为评价一国商业环境的重要指标。在市场经济和信用体系最为发达的美国，征信体系也最为发达，征信体系基本覆盖所有经济主体，信用信息采集既包括正面信息，也包含负面信息；既有银行信贷信息、商业信用信息，也有法院诉讼判决信息和其他公开渠道的信用信息，信用报告被广泛地应用于授信审批、商业赊销、就业应聘、房屋出租等领域。

第四节　商业信用征信概念与系统

一、商业信用征信概念

顾名思义，商业信用征信是征信在商业信用层面的落地和应用，是对商业信用交易过程中的征信，是专门服务于商业信用交易的征信活动。商业信用征信特指在工商企业赊购赊销交易过程中，由专业机构对工商企业信用状况相关的信息进行采集、比对、核实、整理、保存、加工并对外提供的活动。

商业信用征信作为征信在商业信用层面的应用，具有征信活动的一般特征，并要符合征信活动开展的相关要求。将商业信用征信单独强调，是为了更好地将征信活动细化，并有效服务于工商企业信用交易，促进征信在商业信用领域的普及和深入。

二、商业信用征信特征

商业信用征信作为征信的重要分支，具有征信的一般特征。鉴于商业信用征信的特殊性，为更清晰地理解商业信用征信，如下三方面特征需要突出强调：

第一，商业信用征信的主体是专业征信机构，而非具有内部性的商业（企业）信用管理。按照征信的内涵，只有第三方专业机构进行的商业信用信息的整理和提供行为才属于商业信用征信。商业信用交易的一方在本企业内部设立专门的信用管理部门，对交易对手所做的信用信息整理和分析则不属于商业信用征信范畴。

第二，商业信用征信的被征信人是工商企业。商业信用征信的被征信人是工商企业，而不是自然人，以区别于个人征信和其他类型的企业征信。这里的工商企业通常是指符合规定标准并经过工商登记的合法企业。

第三，商业信用征信的客体是商业信用交易涉及的信用信息。商业信用征信所收集和加工的是商业信用交易过程中涉及的工商企业信息，而非个人信用信息，区别于个人征信。商业信用交易过程中涉及的工商企业信息通常包括企业识别信息、企业借贷信息、企业财务信息、企业公共信息等。

需要注意的是，商业信用征信过程中涉及的工商企业信息并非完全不涉及个人信息，征信机构通常会收集企业法定代表人或负责人、企业高级管理人员的信用信息，这些信用信息通常与企业经营有关，与个人征信中的个人信息范围有所区别。

三、商业信用征信产品

征信产品是指征信机构对所征集的信用信息进行加工所形成的产品，征信产品可以分为基础产品和增值产品。基础产品为信用报告，增值产品则是基于信用报告的信息，经过加工或纵向、横向等分析而形成的产品，包含了大量的智力资本在其中，如个人信用评分、企业信用评级等。其中，基础产品按照业务模式的不同，可以分为个人信用报告和企业信用报告。

商业信用征信的基础产品属于企业信用报告范畴。企业信用报告是企业征信系统对外服务的主要产品之一，向查询者提供企业全面、准确的综合信用信息，为各类信用交易提供重要的决策参考，以减少不必要的损失防范信用风险。目前，我国企业信用报告查询对外服务方式包括在线查询和离线查询两类。信用报告内容主要包括三大类信息：基本信息、信贷（金融）信息、非银行（金融）信息。其中，基本信息主要有概括信息、出资人信息、财务报表信息、关注信息、诉讼信息等；信贷信息包括未结清信贷信息、未结清不良负债等银行、金融信息；非银行信息包括公积金、电信、社保、海关、税务等信息。

常见的商业信用征信报告产品有普通版资信调查报告、后续报告、企业基本信息、深度调查报告、专项问题调查报告、风险指数报告、企业家族调查报告、国际供应商调查报告、付款分析报告、行业状况调查报告、国家风险调查报告等。

目前，国内征信机构基本是根据市场需求和国际经验，采取"信用报告"与"增值服务"结合的模式提供服务，主要产品可以分为四大类：信用信息查询、信用报告、关联企业查询和风险专题分析报告。

四、商业信用征信原则

征信是通过征集过去的信息以判断，征信制度的建立就是要用企业或个人的过去影响其未来，因此开展征信活动必须遵守一定的原则，以避免不恰当征信行为对征信造成的负面作用。在长期的信用交易发展和征信探索中，形成了若干征信业特有的原则。具体到商业信用征信领域，应该坚持如下基本原则：

第一，真实性原则。在商业信用征信过程中，征信机构应该采取适当的方法核实原始资料的真实性，以保证所采集的信用信息的准确、真实、可靠，这是开展商业信用征信工作的最重要条件。只有信息准确无误，才能正确反映被征信人的信用状况，才能帮助授信机构作出决策。为确保信息的真实、准确，应要求信息提供者遵循适当的数据报送标准和程序，征信机构应建立数据质量控制机制，还应赋予信息主体一定的知情权、异议和纠错权，以便信息主体不会受到不真实数据带来的负面影响或被非法采集信息。

第二，完整性原则。在商业信用征信过程中，征信工作要做到资料全面、内容明晰，征信机构应当系统地从所有相关可得到的信息来源中采集数据，并能保存足够的时间。信息越完整，共享的程度越高，对工商企业主体信用状况的判断就越准确。保证信息的完整性应该具备三个条件：一是能够取得信息主体的详细信息，既包括证明信息，也包括负面信息；二是在法律允许的范围内，尽可能多地从信息提供者或其他来源处采集信息；三是信息应保留足够的时间，并具有延续性。

第三，及时性原则。在商业信用征信过程中，采集信息时要尽量实现实时跟踪，能够使用被征信工商企业主体的最新信用记录，反映其最新的信用状况，并避免因不能及时掌握工商企业的信用属性变动而为授信方带来的损失。

当今社会瞬息万变，及时地掌握工商企业主体的信用情况意义重大。信用信息的收集、整理、加工和提供只有以及时性为原则，才能不断满足市场需求。信息的及时性也关系到征信机构的生命力，从历史的角度来看，一些无法及时做到信息更新的征信机构最终都难以经营下去。

第四，商业秘密保护原则。在商业信用征信过程中，信用信息可能涉及信息主体的商业秘密，因而对工商企业主体信息安全的保护是征信机构最基本的职业道德。征信的法律和制度框架要求保护信息主体的权利，征信机构应当建立严格的业务规章和内控制度，谨慎处理信用信息，保障信息安全。同时，应准确界定征信信息与企业商业秘密间的界限，严格遵守隐私和商业秘密保护原则，合法从事商业信用征信活动。

五、商业信用征信系统

商业信用征信系统在理论上是征信体系内能够完成共同商业信用征信功能而组成的多个聚合（或子系统）的总称。换句话说，商业信用征信系统是记录工商企业信用信息的数据库。根据征信数据库的形成、使用过程，商业信用征信系统分为以下五个子系统：信用档案系统（中国已建立全国企业信用信息公示系统）、信用调查系统、信用评估系统、信用查询系统和失信公示系统。每一个子系统又由若干部分构成。例如，企业信用档案由六部分信息组成：全国各级政府职能部门公共监管信息、金融机构对企业的信贷评价信息、行业协会（社团组织）的评价信息、主流媒体对企业发布评价的评价信息、企业管理评估信息及财务信息、市场反馈信息。

中国人民银行企业信用信息基础数据库始建于 1997 年，在 2006 年 7 月实现全国联网查询。该征信系统的特征：一是信息规模最大。截至 2018 年 8 月末，数据库累计收录信贷信息 33 亿多条、公共信息 65 亿多条，为 2542 万户企业和其他组织建立统一的信用档案，已成为世界上收录人数最多、数据规模最大、覆盖范围最广的企业信用信息数据库。二是接入机构广泛覆盖。征信系统接入了所有商业银行、信托公司、财务公司、租赁公司、资产管理公司和部分小额贷款公司等，部分保险公司信用保险业务开始接入，基本覆盖各类放贷机构。三是服务网络覆盖全国。中国人民银行分支机构 2100 多个信用报告现场查询点基本覆盖到全国基层县市，征信系统 30 多万个信息查询端口遍布全国各地的金融机构网点，信用信息服务网络覆盖全国。四是采集了非银行信息。采集了 16 个部门的 17 类非银行信息，包括行政处罚与奖励信息、公积金缴存信息、社保缴存和发放信息、法院判决和执行信息、缴税和欠税信息、环保处罚信息、企业资质信息等。

商业信用中心企业信用数据库建于 2002 年，目前已拥有覆盖全行业企业商业信用信息系统及专业权威的信用信息资源，包括国家最具权威的企业信用等级评价体系。该系统目前有两个重要的子系统，一是中央企业供应商信用信息库，二是全国公共资源交易系统供应商信用信息库，系统已建立了和国家市场监管总局、海关信息中心等部门的数据查询验证通道，是国内目前涵盖最全的采购供应商行业、企业、商品品类的查询系统，可提供开展对国内经济活动的信用信息进行采集、加工、识别、监测、评价、公示、分类的检索查询。

本章小结

信用是市场经济的基础，从信用的起源来看，其具有悠久的历史和丰富的内涵。在经济和日常生活中，人们所说及所指的信用并不完全相同。广义的信用可以从经济层面、道德层面和心理层面进行解读，狭义的信用特指在经济层面的含义。在经济层面，信用是以偿还为条件的价值运动的特殊形式，包含货币借贷和商品赊销等形式，其本质是一种债权债务关系，即授信人（债权人）相信受信人（债务人）具有偿还能力，而同意受信者所做的未来偿还的承诺。

现代经济是信用经济，信用与商品生产、货币流通、市场贸易和资本借贷等关联紧密。进一步具体来看，商业信用专指工商企业间在商品交易基础上直接发生的信用，即工商企业以赊销方式对购买产品的工商企业所提供的信用。商业信用本质上是一种特定的交易方式，同时，商业信用作为一种交易方式，其基本特征在于预先或延迟交割货物款项，及非同步交割对等价值，由此商业信用也是一种短期融资方式。

征信是为解决信用交易过程中的信息不对称而产生，也有广义和狭义之分。狭义的征信，即传统意义上的征信，是指对企业信用状况和个人信用状况相关的信息进行采集、核实、整理、保存、加工并对外提供的活动，包括信用信息等级、企业/个人信用调查和信用评级。在实践中，一般由专业的第三方机构依法从事上述征信活动。广义的征信，则是在狭义征信基础上加上信用管理服务。

在实践中，按照一定的数据采集标准，对信用主体的信用信息进行采集、加工、核实和更新，致力于实现信用信息在体系内互联互通的信用管理运行机制，是为征信体系。我国征信体系可分为三大部分：金融征信体系、行政管理征信体系和商业征信体系。

商业信用交易也需要征信及征信体系，商业信用征信是征信在商业信用层面的落地和应用，是对商业信用交易过程中的征信，是专门服务于商业信用交易的征信活动。商业信用征信特指在工商企业赊购赊销交易过程中，由专业机构对工商企业信用状况相关的信息进行采集、核实、整理、保存、加工并对外提供的活动。

本章要点

- 商业信用的内涵与特征
- 征信的概念和特征
- 我国的三大征信体系
- 商业信用征信的概念
- 商业信用征信的原则
- 商业信用征信系统

本章关键术语

信用征信　商业信用　商业信用征信

本章思考题

1. 如何理解现代经济运行中的信用？

2. 如何在现实经济生活中界定和衡量商业信用行为？

3. 试述广义与狭义征信的区别。

4. 试述我国征信体系的构成。

5. 如何在实践中坚持征信的特征要求？

第二章　商业信用征信的理论基础

第一节　信息不对称理论

一、信息不对称理论

经济学、管理学以及社会科学等相关理论和研究，为商业信用征信提供了基础理论和分析工具。其中，以信息不对称理论最具代表性。

传统经济学通常假定市场竞争是充分的，信息是共享的，但是事实上交易双方的信息不对称问题是常态，而且会对市场运行产生重要影响。信息不对称指在市场活动中，信息在交易双方之间的分布不均匀，掌握信息比较充分的一方具有信息优势，往往处于比较有利的地位，掌握信息相对较少的一方则处于相对不利的地位。信息不对称理论是信息经济学的核心内容，用来说明信息在交易双方的不对称分布给市场带来的影响，以及由此产生的市场效率问题，包括逆向选择、道德风险等。

（一）逆向选择

逆向选择是指掌握信息较多的一方利用对方对信息的不知情而隐瞒相关信息，获取额外利益，客观上导致不合理的市场分配的行为。

逆向选择问题在市场交易中广泛存在。例如，在信贷市场中，存在大量潜在的借贷者和放贷者，借贷者又可以被分为信用良好的借贷者和信用不佳的借贷者。对于放贷者而言，如果借贷者的信用状况比较好，违约成本较低，可以给出相对优惠的利率报价；对于信用不佳的借贷者而言，由于面临较高违约风险，因而需要给出一个较高的利率报价以弥补违约风险，但是放贷者在面对数量众多的借贷者时，由于信息不对称，则很难区分借贷者的信用状况，只能给出一个介于优惠报价和风险报价之间的均衡利率报价。对于信用良好的借贷者而言，均衡报价将使其必须支付不必要的风险溢价；而对于信用不佳的借贷者而言，则省去了这部分风险溢价。在这种情况下，信用良好的借贷者将有可能离开市场，信用不佳的借贷者将留在市场。随着交易的继续进行，放贷者逐步意识到市场中借贷者的信用水平不断下降，因而相对应的风险报价将不断提高，信用良好的借贷者将会继续离开，信用状况更差的借贷者会继续留下来，随着交易双方博弈次数的不断增加，将有可能使得整个信贷市场的信用风险不断提高，成本将上升至一个很高的水平，最终导致整个信贷市场崩溃。

信息不对称是大多数交易市场的常态，这不仅是由信息收集手段的有限性决定的，也是由信息的隐私性所决定的，每一个市场交易者都有很强的动机来隐藏对自己不利的信息，即使在技术水平大大提高后这一点依然是很难克服的。因此，当信息不对称成为市场的常态时，逆向选择问题难以避免。

（二）道德风险

道德风险是指占有信息优势的一方为自身利益而故意隐藏相关信息，由此对交易对方造成损害的风险。道德风险被分为隐藏行动的道德风险和隐藏信息的道德风险。

在信息不对称的情况下，道德风险的发生是难以避免的，其最主要的表现形式则是失信行为，即违约、不讲信用。从经济学角度解释，就是交易一方为了自身利益最大化，置对方利益于不顾，既不真实承诺，又不兑现承诺，并利用交易双方的信息不对称或信息不完全而谋取超额收益。失信行为的实施就是市场主体通过对成本与收益的计算，谋求收益最大化的结果。当守信的净收益大于失信的净收益时，交易者就有积极性履行合约；当守信的净收益小于失信的净收益时，交易者就没有积极性履行合约，会产生失信行为。

二、信息不对称增加的交易成本

信息不对称提高了交易成本，降低了经济效率，主要表现在三个方面。

第一，信息收集成本。在信息不对称的情况下，市场主体为了避免逆向选择和道德风险问题，必然会投入大量资源去了解交易对手的信用信息。尤其是在高度发达的市场经济条件下，专业化的分工使得交易更加复杂，涉及的利益相关者更多，如果每一笔交易都要进行信用信息的收集、整理、甄别，就会带来巨大的资源投入。

第二，违约成本。一般包括两部分，一部分是违约造成的直接损失，另一部分是为了防止违约行为而投入的预防成本。在信息不对称情况下，人们不敢轻易交易，或在交易前花费巨大的时间和精力去考证对手的信用状况和经济实力，甚至选择使用"一手交钱，一手交货"的原始交易方式，无形中增加了交易的不确定性和难度。同时，当交易双方缺少信任时，会使交易双方摩擦增大，在谈判过程中就会为了防止受骗而设法增加一些限制对方的条款，导致交易成本增加。

第三，社会成本。主要指因信用文化缺失带来市场效率的降低，具体包括：一是社会管理成本，与社会诚信缺失程度成正比，也就是说，失信行为越普遍、越严重，诚信环境就越差，社会管理成本也就越高。比如，为防止企业和个人的弄虚作假、欺诈等失信行为，政府就必须制定更多的制度法规来维护社会正常的运行秩序，从而增加了社会管理的难度和成本。二是社会稳定成本，人际间相互信任是社会交往的基础，也是商品交换的前提。当人与人之间的信任普遍丧失时，社会诚信机制日益受到威胁，信用的底层基础逐渐恶化，进而导致上层建筑的不稳定。三是社会文化环境成本，市场经济中，遵守契约是经济发展的根本保证。当制售假冒伪劣商品的人获得成功的概率比失败的概率大得多时，高额利润使不少人趋之若鹜，导致契约机制被破坏，没有人愿意去遵守信用，长此以往将使得整个市场的交易行为中充斥着道德风险，诚信环境将荡然无存。

三、信息不对称产生的原因

第一，不同的经济个体获取信息能力的不均衡，导致其在获取信息的质量和数量上存在较大的差异，使得信息在不同经济个体间呈不对称分布。

第二，随着社会劳动分工的发展和专业化程度的提高，信息的数量、规模和复杂性不断增加，导致专业人员与非专业人员之间的信息差别越来越大，不同经济个体的信息分布越来越不对称。

第三，收集和加工信用信息是有成本的。假定交易者是理性的，只有在收集信息的边际收益超过边际成本的情况下，收集信息才是有利可图的。同时，收集到的信息在多数情况下需要进行加工，信息越多，对加工能力的要求则越高，而对信用信息的理解和掌握需要具备专门的知识，因此，加工和处理信息同样存在成本。

四、减少信用信息不对称的途径

从信息不对称产生的原因可知，要减少信息不对称，就必须增加交易行为的透明度，健全交易中的信息传递机制和信息甄别机制，其核心是建立信息共享制度，提高可获取信息的数量和质量。

征信，作为市场经济不可或缺的专业服务，通过信用信息的共享和使用来解决信息不对称。从微观层面看，一方面，通过建立信息共享机制，增加信息供给量，减少交易双方的信息不对称，降低授信人决策时所需的信息成本，提升对受信人的了解程度，降低逆向选择的概率；另一方面，征信使得交易双方的一次博弈变成了受信人与整个社会在未来的重复博弈，减少了授信方的监督成本，约束了受信人的失信冲动，降低了道德风险。从宏观层面看，通过"守信激励、失信惩戒"机制的建立，让失信者"无利可图"，能够预防、约束人们的失信冲动行为，降低交易成本和管理成本，优化整个社会信用环境。

第二节　交易费用理论

一、交易费用理论

交易费用理论是整个现代产权理论大厦的基础。该理论认为，企业和市场是两种可以相互替代的资源配置机制，由于存在有限理性、机会主义、不确定性与小数目条件使得市场交易费用高昂，为节约交易费用，企业作为代替市场的新型交易形式应运而生。交易费用决定了企业的存在，企业采取不同组织方式的最终目的也是节约交易费用。

交易费用理论的核心是交易费用的节省。市场交易费用的存在，导致经济资源配置效率的降低，因此，节省交易费用的努力就成为市场经济中组织结构和组织行为产生与变化的决定因素。而征信作为信用信息共享的平台，一个有效的征信系统能大大节约市场交易成本。

交易成本最早由诺贝尔经济学奖得主罗纳德·科斯提出。1937 年科斯在他发表的经典论文《企业的性质》中，提出了市场成本即运用价格机制的成本这一概念，它所包含的内容正是交易成本的内容。科斯提出："利用价格机制是有成本的。通过价格机制组织生产的最明显的成本就是所有发现相对价格的作用。市场上发生的每一笔交易的谈判签约的费用也必须考虑在内。"科斯于 1960 年发表的《社会成本问题》一文中，对交易成本的内容作出了进一步的界定，即"为了进行市场交易，有必要发现准希望进行交易，有必要告诉人们交易的愿望和方式，以及通过讨价还价的谈判缔结契约，督促契约条款的严格履行，等等。这些工作常常是成本很高的"。科斯认为，市场交易成本包括发现和通知交易者的费用、谈判费用、签订合同以及保证合同条款的履行而进行必要检查的费用等。

完整的交易成本理论是由威廉姆森等人在科斯的理论基础上建立和发展起来的。威廉姆森将交易成本分为事前交易成本和事后交易成本两大类，包括搜寻成本、信息成本、议价成本、决策成本和违约成本。他认为，实际的人都是契约人，他们无时无刻不处于交易中，并用明的或暗的合同来治理他们的交易。契约人的行为特征，体现在这样两个方面：第一是有限理性，第二是机会主义。

有限理性意味着人在知识、预见力、技能和时间上是有限度的，这样，在面对现实复杂性和不确定性时，人们不可能在签约阶段考虑所有的可能性以及相应的调整方案，这必然增加了交易成本，包括计划成本、适应成本、监督成本。

机会主义则描述了"狡诈地追求利润的利己主义"，包括投机取巧、见机行事、有意隐瞒或歪曲信息等多种形式。机会主义分为事前和事后的机会主义，前者以保险中的逆向选择为典型，后者以保险中的道德风险和代理成本为典型，机会主义的一个直接结果是合同风险。威廉姆森还定义了影响交易成本水平的三个性质：资产专用性、不确定性和频率。

资产专用性是指一项资产可调配用于其他用途的程度，或由他人使用而不损失资产价值的程度。资产专用性至少可以分为五类，即地点的专用性、有形资产用途的专用性、以边干边学方式形成的人力资本用途的专用性、奉献性资产、品牌资本。有限理性和机会主义对交易成本的影响是以资产专用性条件表现出来的，它们之间的相互作用决定了交易成本的大小。

影响交易成本的第二个性质是交易中不确定性的大小，它和有限理性密不可分。事实上，不确定性是引起有限理性的主要原因，它包括能够预料到的偶然事件的不确定性，也包括其性质在事前只能大致推测的偶然事件的不确定性，还包括一方拥有另一方所缺少信息的这类不确定性。

最后一个性质是交易频率。交易频率是指交易发生的次数，如果双方的交易次数多且正常地不断进行，那么，就很值得双方花费资源去做一个特殊安排。尽管这种特殊安排可能花费不少资源，但这种花费可以分摊到大量不断进行的交易中去，因此，相对交易成本便下降了；反之，如果双方的交易是"一锤子买卖"，那么，花费资源去设计专门为双方服务的交易机制就不值当。可见，交易频率通过影响相对交易成本，从而影响到交易方式的选择。

从交易成本角度分析商业信用征信是认识商业信用征信必要性的一个重要视角。事实上，自科斯提出交易成本的概念并将其运用于解释企业为什么存在之后，交易成本理论被广泛地运用于政治、经济、社会、文化和历史等诸多领域，形成了交易成本范式。交易成本范式以交易为基本分析单位，以交易成本为基本范畴，强调契约的不完全性，探究交易存在的各种特征或维度及其对交易成本的影响，采用比较制度分析方法，探索各类制度安排中的交易成本差异和制度效率变化，根据具体情况去设计各种（激励、控制及治理结构）制度。

二、信用交易中的信息成本问题

在商业信用交易中，同样存在交易成本。在诸多交易成本中，信息成本是其中一项重要成本。由于信用交易双方存在信用信息的不对称，为了防范信用风险，信息成本主要成为处于信息劣势方的授信人的一项交易成本。这是因为，信息是人们作出决策的基础，而信息是有代价的，获得信息要付出金钱与时间，这就是寻找信息的成本，称为信息搜寻成本；信息也会带来收益，有更充分的信息可以作出更正确的决策，这种决策会使经济活动的收益更大，这就是信息搜寻收益。

在商业信用交易中，信用信息搜寻成本与信用信息搜寻收益的比较，是影响信用交易决策的重要因素。如果信用信息搜寻成本过高，可能会导致工商企业最终放弃信用交易而选择现金交易；反之，如果信用信息搜寻成本远低于信息搜寻收益，则有利于促成商业信用交易。

三、第三方征信的信息成本优势

商业信用交易中，在作出信用交易决策之前和之后，授信人往往需要花费一定的成本去获取受信人的信用信息，以便决定是否授信以及防范受信人的道德风险。在社会经济生活中，信息需求者一般可以通过三种方式获取信息：一是需要信息的人自己收集相关的信息，比如赊销企业自己收集受信企业经营状况、付款记录、财务状况等方面的信息。二是信息所有者主动为需要信息的人提供信息，如公司在股票发行或上市时，雇佣信用评估公司、会计师事务所等制作信用等级评估报告、财务报告等，并向市场上的潜在投资人公布。三是由专业的第三方机构为交易双方提供信息。

就第一种信息获取方式而言，授信人自己获取信息必须付出一定的人力、时间和经济成本，让每个授信人分别去做这些工作，不仅成本高昂，而且资源浪费严重。在这种情况下，过高的信息搜寻成本可能导致企业放弃信用交易。第二种信息获取方式依赖受信人披露，虽然获取信用信息的成本很低，但存在客观性问题，出于自身利益考虑受信人会进行选择性披露，只披露对自己有利的信用信息，回避对自己不利的信用信息，甚至提供虚假的信用信息。第三种信息获取方式依赖第三方征信机构提供，能以较低的成本得到较为客观的商业信用信息。由于征信机构收集的信用信息可以多次有偿向社会提供，这样单个授信企业就能以较低的价格从征信机构购买到信用报告。同时，全社会可以共享征信机构提供的信用信息，避免了重复调查导致的社会资源浪费。

由以上可以看出，征信机构获取商业信用信息具有降低信息搜寻成本进而降低交易成本的优势。

第三节　相关理论解释

一、声誉理论

近年来，经济学中的声誉理论已经越来越受到人们的关注，20世纪80年代以来，声誉理论不仅在模型及研究方法上日臻成熟，在一些社会科学领域（如政治学、社会学等领域）中的成功应用，也使其正成为经济学乃至一些其他社会科学研究中的重要理论分析方法。

经济学中所谈的声誉，更多的是指在行为人之间存在信息不对称情况下，个人或组织要建立和维持的一种声誉，且声誉将对行为人或组织产生激励作用。声誉理论主要探讨的是声誉作为一种激励机制，如何对组织或个体产生激励效应。

从声誉的作用来看，信誉和法律是维持市场交易秩序的两个基本机制，存在正式合同的交易行为主要由法律体系规范和约束，而许多无法通过法律机制来执行的非正式合同的交易行为则由信誉机制保证完成，因而信誉可以理解为是为了获得交易的长远利益而自觉遵守合约的承诺。从经济学角度来看，交易双方只有形成了良好的信誉机制才能以较低的交易成本进行交易，授信方才愿意为受信方提供更多的信用服务，形成更多的社会信用资源。

商业行为参与者的声誉属于无形资产，可以被当作有价的可交易资产、事件的方式能增进或损害其声誉，从而会影响到企业利益相关者的利益。对于顾及长期利益的企业而言，一旦失去维持声誉的动力，其就不再被信赖。因此，企业出于未来收益的考虑，会尽力维持其声誉，好的声誉价值随着被使用次数增加而增加。

在信用活动中，与受信方进行信用交易的对象不一定是同一个授信方，如果每次都与不同的授信方合作，那么在授信方不了解受信方以前信用状况的情况下，每一次都可能被受信方认为是第一次合作，受信方都可以采取不守信行为，侵占授信方利益。

为了让受信人采取守信策略，必须成立第三方机构，让授信人了解受信人以前的信用状况，为其提供是否与其进行信用交易的决策依据。如果受信人每一次信用履行，情况都被记录下来并被授信人方便地查验，这样受信人每一次的信用行为变成长期连续的过程，其以前的信用记录将影响和决定其今后的信用活动，以前树立的良好的声誉将有利于以后的信用活动；相反，不良信用记录将阻止今后信用活动的发生。

征信机制便是顺应这一需求而诞生的中介机制，有了征信机制的约束，授信人可以通过征信机构了解受信人的信用状况，受信人的信用行为可以被记录下来，起到约束受信人长期信用行为的作用。

欧美发达国家的信用市场经过数百年的培育和发展，形成了比较完善的信用体系和管理机制。一方面，通过长期的市场竞争和交易制度的完善，培育了良好的信誉机制和信用环境。在这样的市场环境下留在市场上的企业绝大多数都是信誉好、市场成熟度高的企业。另一方面，这些国家大都以立法的形式保证了信息披露公平、公正和迅捷，并通过完善非政府的市场信息披露和社会信用评级体系，进一步增强了市场的公开和透明，最大限度地降低了信用交易双方的信息不对称，使授信方能够更加准确地掌握受信方的信誉、信用状况，以较低的成本和较高的准确性甄别出不同信誉价值的企业类型。

二、社会交换理论

社会交换理论在 20 世纪 60 年代逐渐兴起并广泛传播，该理论认为能够带来奖励和报酬的交换活动支配着人类行为，因此一切社会活动都可以归结为一种交换，在这种社会交换中形成的社会关系同时也是一种交换关系。

该理论提出了关于人类社会行为的六个基本命题：成功命题指出能够获得的回报和利益支配着个体的行为；刺激命题指出如果在过去的某个时间里，某一特定的刺激可以给某人的行动带来利益，那么现在这种刺激同样也会让他进行类似的行为；价值命题根据人类趋利避害的本能，认为如果某一行动越有价值即给人带来利益，人们就越会采取同样的行动，如果会带来惩罚，人们就会采取措施去规避此类行动的发生；剥夺—满足命题指出人类行为所获得的报酬和奖励是遵循边际效用递减规律的；攻击—赞同命题认为人类行为具有较强的感情色彩，人们受到了意料外的惩罚时会采取攻击性行为来发泄心中的不满，而人们在行动中有错误发生但最终获得的报酬比预期大时会继续做能够得到报酬的行动或避免错误的再度发生；理性命题指出人类充满了理性思雏，只有当这种行为所获得的价值足够大，并且获得回报的概率足够大时才会去采取行动。该理论从个体需求、心理动机等人的理性出发得出社会交换的实质，即个人或为获得报酬或为减少惩罚而采取的理性行动，重新恢复了人的主体性。

基于该理论，征信使经济交换发展成为社会交换提供了可能。在契约型社会中，经济交换和经济发展都依赖于正式的合约，这种合约制定程序要符合法律规定，交换内容要有详细的数量和品质。但在实际生活中，由于经济活动的复杂性，机械化的合约难以覆盖到所有可能发生的情况，从而为道德败坏的交易一方提供了钻合约空子的可能性。

经济学中有"理性人"假设，表明人都是自私的、利己的。这样的假设前提使市场上的交易主体对彼此都充满了不信任，这种不信任会产生很多不必要的成本。再加上经济合约存在上述所说的诸多问题，这些都导致纯粹的经济交换的成本较高。

征信机构提供的征信服务，使交易双方间的经济交换转变成社会交换成为可能。征信机构从业人员通过收集准确的信用信息，对各个交易主体的信用进行评级，建立征信档案。通过征信机构提供的服务，交易主体可以准确了解交易对象的信用状况。

三、制度伦理理论

在我国现代化进程中，市场经济在带来活力的同时也显现出部分问题。在传统的法律和监管手段外，通过制度伦理的要求，不断提高市场经济参与者的思想道德水平，克服市场各种缺陷，弥补伦理道德不能发挥作用的空缺。

制度伦理是指对以社会性组织为主体的规范体系和运行机制的内在联系的伦理思考和要求。其包含的内容十分丰富：对制度主体的伦理要求，对规范体系和运行机制的伦理安排，对制度本身的道德要求，对制度运行中一系列环节的道德评判和价值判断。制度伦理同社会道德一样，也具有多个层次。制度伦理的层次分别为基本层次和超越层次。制度伦理的基本层次是指能够被法律化的道德，也是最基本层次的道德，其目的是维护社会有序与安定。有相当一部分的道德要求仍需停留在道德层面，这是道德超越的层次即提高生命质量的层次，其内容是对最高善的探索和追求，属于比较高的道德层次，其存在恰恰在于其内在体验性和个体性，无法由法律来表达，更不能由法律来强制。

征信也可以从制度伦理层面找到出发点，建设完善的征信体系符合制度伦理理论要求。尤其是，制度伦理强调的立法在征信体系里表现为对征信法律制度的强调。征信法律制度的建立能为征信行业提供丰富的信息资源，为征信行业发展创造良好的市场环境。

四、综合评价

征信及商业信用征信的基础或核心依据可由信息不对称理论予以解释，信息不对称理论是解释征信必要性的最基础理论。逆向选择和道德风险两大问题的客观存在，是对征信必要性的最直接阐释，征信是解决信息不对称带来的逆向选择和道德风险问题的直接有效手段。

交易费用理论从降低市场及社会交易成本的角度为征信必要性作出了阐释，交易费用理论作为现代产权理论的基石，可以解释市场经济中组织结构和组织行为的演进和变迁逻辑。征信作为降低交易成本的重要手段，自然可以在交易成本理论中找到逻辑起点。

此外，征信的其他相关理论分布于经济学、管理学和社会学等层面，也可以在文化、伦理等视角找到自身发展的必要性解释。声誉理论、社会交易理论和制度伦理理论等都能从各自角度阐释征信发展的必要性，能够论证征信对市场经济发展的积极作用，是征信理论体系不断发展的重要体现。综合来看，征信作为保证交易顺利达成的重要第三方服务，无论是何种理论，其逻辑落脚点大都离不开征信对降低交易过程中信息不足的关键作用。征信降低了交易过程中的信息不足，降低了交易双方主体对对方信息的不对称把握，降低了交易的额外成本，进一步形成并维系交易秩序，增加了整体社会福利。

第四节　商业信用征信与经济运行优化

一、微观主体层面

市场主体的决策行为以其期望效用最大化为目标。在信用交易中，市场主体面临两种选择：一是履行合同约定，二是违约，决策选择取决于决策行为所带来的风险和预期收益。如果违约收益明显高于履约收益，且无须承担额外的风险损失，如更严苛的交易条件、失去交易机会、被交易对手起诉、被管理部门处罚等，市场主体极有可能会选择违约。

征信通过改变市场主体违约所面临的风险和收益，调整市场主体的效用函数，进而影响其交易决策。一旦市场主体违约，征信体系将会记录其失信行为，供交易对手决策参考。在联合惩戒机制下，违约成本变得极其昂贵，市场主体将更倾向于履行合同约定。因此，从微观视角看，征信可以通过优化信息不完全条件下交易主体的效用函数来调整人们的交易行为。

可以通过对履约和违约决策下市场主体面临的风险收益进行简单量化，来分析征信对交易决策的影响机制。假设市场主体履行合同约定获得的收益为 e，违约可能获得收益为 f。履约收益是确定的，违约收益是不确定的。违约决策下的预期收益取决于额外风险发生的概率，以及风险的大小。为便于分析，将风险发生概率定义为 p，风险大小简单量化为 q。因此，可以得出其违约的期望收益函数：$w = (f-q) p + f (1-p)$。市场主体选择哪种交易策略，取决于履约收益 e 和违约收益 w 的大小。引入征信机制后，将通过改变 p 和 q 两个参数来调整市场主体的期望收益函数。此时，市场主体面临两种交易决策：一是当 $w \leq e$，即违约收益小于或等于履约收益时，违约得不偿失，选择履行合同约定。$w \leq e$ 的前提条件为 $f-e \leq qp$。二是当 $w > e$，即违约收益大于履约收益，违约变得有利可图，选择失信于交易对方。$w > e$ 的前提条件为 $f-e > qp$。可以看出，市场主体选择违约策略还是履约策略，很大程度上取决于 q 和 p 两个参数。在征信体系环境下，风险发生概率 p 将变得更高，惩罚力度占的数值也变得更大，将驱动市场主体理性地选择履约，"守信激励、失信惩戒"

的微观影响机制由此得以建立。

二、宏观运行层面

从宏观视角来看，征信通过信息共享机制、奖惩机制和外部性的作用，能够降低信息收集成本、违约成本以及社会效率损失成本，避免信息不对称带来的交易成本的增加和制度环境的破坏，从而提升全社会的信用水平。

第一，信息共享机制。信息不对称带来的交易成本增加，最直接的就是信息收集成本。随着市场主体的增加，信息数据呈现出数量多、种类复杂的特点，相应的信息采集也具有投入高、难度大的特征，特别是在这种活动的初期尤为明显，一般企业特别是中小规模的企业将难以承受这一巨额成本。而征信机构通过整合资源和专业技术的投入，提供专业化的产品和服务，可以使市场主体合法、公平、方便地获取信息，能够有效地降低信息收集成本和违约成本。

第二，征信奖惩机制。征信建立后，交易主体的信用信息会被其他交易主体所获知，信用良好的市场主体更容易以较低的成本获得交易机会，而信用不佳的市场主体获取交易机会的概率将会降低，市场的违约成本将会随之降低。因此，每一个市场主体为了保持良好的信息记录，必将会注意自身的信用行为，避免失信行为的发生。如果说价格是调节产品市场交易的"看不见的手"，征信就是信用交易市场的"看不见的尺"。

第三，征信外部性。科斯在《社会成本问题》一文中指出，任何一个交易主体的行为都会对其他交易主体产生影响，这就是所谓的"外部性"。征信同样也会对市场产生相应的外部性影响，在征信作用下，每一个交易主体都会关注自身的信用行为，当一次性的被动行为转变为长期习惯时，整个市场的交易习惯都会被改变，所有的交易主体都会习惯性地坚持守信行为，从而在整个社会形成良好的诚信文化氛围，有助于降低违约成本和效率损失成本。

本章小结

商业信用征信可从多角度找到理论基础，经济学、管理学以及社会科学等相关理论和研究，都为商业信用征信提供了基础理论和分析工具。其中，以信息不对称理论最具代表性。信息不对称指在市场活动中，信息在交易双方之间的分布不均匀，掌握信息比较充分的一方具有信息优势，往往处于比较有利的地位，掌握信息相对较少的一方则处于相对不利的地位。信息不对称理论是信息经济学的核心内容，用来说明信息在交易双方的不对称分布给市场带来的影响，以及由此产生的市场效率问题，包括逆向选择、道德风险等。

逆向选择是指掌握信息较多的一方利用对方对信息的不知情而隐瞒相关信息，获取额外利益，客观上导致不合理的市场分配的行为。道德风险是指占有信息优势的一方为自身利益而故意隐藏相关信息，由此对交易对方造成损害的风险。道德风险被分为隐藏行动的道德风险和隐藏信息的道德风险。逆向选择和道德风险提高了交易成本，降低了经济效率，因而需要通过征信降低信息不对称程度。

从信息不对称产生的原因可知，要减少信息不对称，就必须增加交易行为的透明度，健全交易中的信息传递机制和信息甄别机制，其核心是建立信息共享制度，提高可获取信息的数量和质量。征信，作为市场经济不可或缺的专业服务，通过信用信息的共享和使用来解决信息不对称。

此外，交易费用理论也是征信的重要理论基础，其核心是交易费用的节省。市场交易费用的存在，导致经济资源配置效率的降低，因此，节省交易费用的努力就成为市场经济中组织结构和组织行为产生与变化的决定因素。而征信作为信用信息共享的平台，一个有效的征信系统能大大节约市场交易成本。

其他角度，声誉理论、社会交易理论和制度伦理理论等都能从各自层面阐释征信发展的必要性，能够论证征信对市场经济发展的积极作用，是征信理论体系不断发展的重要体现。征信降低了交易过程中的信息不足，降低了交易双方主体对对方信息的不对称把握，降低了交易的额外成本，进一步形成并维系交易秩序，增加了整体社会福利。

从商业信用征信对宏观经济作用来看，其对经济运行的优化机制包括微观和宏观两方面。微观方面，征信通过改变市场主体违约所面临的风险和收益，调整市场主体的效用函数，进而影响其交易决策。宏观方面，征信通过信息共享机制、奖惩机制和外部性的作用，能够降低信息收集成本、违约成本以及社会效率损失成本，避免信息不对称带来的交易成本的增加和制度环境的破坏，从而提升全社会的信用水平。

本章要点

- 信息不对称理论的内涵
- 道德风险及其危害
- 逆向选择及其危害
- 交易费用理论的内涵
- 交易成本的降低方式

本章关键术语

信息不对称　逆向选择　道德风险　交易费用

本章思考题

1. 如何理解信息不对称对经济运行效率的影响？
2. 试总结逆向选择和道德风险在经济运行中的实际案例。
3. 试述征信降低信息不对称的途径。
4. 如何理解交易费用决定了企业的存在？
5. 试述交易费用理论中征信的作用。

第三章 商业信用征信模式与征信机构

第一节 国外征信业主要发展模式

一、美国为代表的市场主导型模式

市场主导型发展模式最具代表性的国家是美国。该种模式有三个特点：第一，以营利为目的；第二，以市场需要为目标；第三，政府和中央银行不干预征信机构日常运作。

美国是世界上最早开展征信的国家之一，有着 170 多年的悠久历史。征信制度作为一种正规的信息交换和分享机制，是美国商业信息基础设施的关键组成部分。在美国，征信业几乎完全由私营征信公司掌控。自 20 世纪 80 年代中期以后，该行业进入整合时期，独立征信公司的数目急剧下降，从近 2000 余家下降到现阶段的 200 多家。其征信业务的突出特点是私营。世界各国中仅存在私营征信系统的国家还有加拿大、英国和北欧的一些国家，但以美国的私营征信业最为发达。美国的征信机构完全采取市场化的独立运行模式，由私人或公司以营利为目的设立征信机构，按照客户的委托为其提供征信报告和相关咨询服务。

在市场化主导型发展模式中，政府是征信数据开放政策的保证者，同时又是信用管理相关法案的提案人及法案的权威解释者和法律执行的监督者。征信企业或公司可依法自由经营信用调查和信用管理业务，但政府通过立法进行管理。信用征信机构以利益导向为核心。其生死存亡完全取决于市场竞争，政府仅负责提供立法支持和监管信用管理体系的运转。目前美国的征信市场根据服务对象大致可分为三大类，企业征信、消费者个人征信以及资本市场资产信用评级。

企业征信方面由于法律对上市公司和非上市公司信息披露的要求不同，企业征信的要求也有所不同。法律对上市公司规定了其信息披露范围、内容和时间等，征信机构对上市公司一般无须出具信用报告，但对上市公司通常需进行信用评级。信用评级的高低对上市公司的未来发展非常重要，因此，上市公司的信用会受到法律和市场的双重压力。而对非上市公司，法律通常不要求其公开财务报告，征信就显得必要，征信公司可以提供企业概况、企业高管人员相关情况、企业关联交易情况、企业无形资产状况、纳税信息、付款记录、财务状况以及破产记录等。

个人征信方面，美国征信机构对需求者提供信用报告，信用报告可以视为消费者偿付其债务的历史记录。所需征集的信息一般包括鉴定信息、当前和以往的贷款清单、公共信息。在征集了上述个人信息后，征信机构还要对这些数据进行加工处理和信用评估，最终形成信用产品，征信产品可以销售使用。

对于美国资本市场资产评级，主要服务对象包括金融资产、政府以及上市公司等。评级机构通过从银行、证券公司以及保险公司等金融或非金融机构获得所需的征信信息，运用自己比较成熟的评级方法对各个服务对象进行评级。目前，美国比较著名的资产信用评级机构有标准普尔与穆迪等。

在监管方面，美国征信机构以营利为目的，其运作完全市场化，政府和中央银行不干预其日常运作，但必须受相关的法律约束。美国有一套较为完整的规范征信机构、数据的原始提供者以及信用报告使用者等自然人和法人的法律。美国国会于1971年制定并于1997年修订的《公平信用报告法》，旨在保护所有消费者的基本权利，确保信用报告的准确性。联邦贸易委员会和国家律师总局被授权实施该法案。该法案规定消费者报告代理机构即信用局、信用报告使用者、信用信息原始提供者的行为准则。从征信机构调用其他人的个人信用资料要得到被调用者的同意或司法部门授权，目的是防止个人信用资料被滥用。

二、欧洲为代表的央行集权型模式

央行集权型发展模式的基本特征是政府主导建立公共征信系统。公共征信系统起源于欧洲。德国于 1934 年建立了第一家公共征信公司。自 20 世纪 70 年代以来越来越多的国家建立了公共征信系统，公共征信系统运转时间较长、发展较为成熟的国家主要集中在欧洲。

在征信机构的模式选择上，德国、法国、意大利、西班牙、奥地利、葡萄牙和比利时等国家采用以中央银行建立的中央信贷登记系统为主体的社会信用管理模式，该模式由中央银行建立中央信贷登记系统，主要由政府出资，建立全国数据库，组成全国性的调查网络。欧洲的中央银行管理公共征信系统，只有被授权的中央银行工作人员和提供信息的金融机构才被允许进入公共征信系统。

欧洲国家的信息分享机制存在具体差异，一些国家的信用信息分享几乎完全依靠公共征信系统，而在另外一些国家，公共征信系统与私营征信机构并存，二者相互补充。如在原欧洲的 15 个国家中除法国外，其他国家都存在私营征信公司。欧洲的私营征信公司主要服务于一些特定或细分的市场，比如消费者信贷市场。

法国实施的是最严格的公共征信系统，唯一的征信机构是信用服务调查中心，该机构是 1946 年在法兰西国家银行的组织下，建立的含企业信贷登记系统和个人信贷登记系统两个子系统的公共信用登记系统。所有信贷机构和金融机构必须每月报告关于分期付款、贷款、租赁、信贷额度和透支的逾期记录情况。法国公营征信机构设立的主要目的是协助金融监管部门进行监管，中央银行根据征信机构提供的数据衡量货币政策的执行情况，对各金融机构的信贷资产质量、信用风险进行监控。

公共征信系统信息流通的流程是，信息首先从参加机构流向公共征信系统；每家机构必须定期提供有关自己发放的每笔贷款的数据；公共征信系统汇总各家银行给同一借款人的贷款数据，得到该借款人的资产负债情况。返回的信息流分为两种形式，一种为其报送贷款数据的借款人的总体负债情况；另一种为在提前申请的情况下也可获得新的信贷申请人的同类信息。

为保证信息数据安全，公共征信系统始终根据为参加机构保密以及保护单个借款人隐私的原则运行。参加机构得到保证，它们提供的数据仅以加总的形式公布，只提供给其他信贷机构，而且只为批准信贷而提供。隐私保护法使单个借款人有权检查并更正在公共征信系统的档案。

公共征信系统还便于中央银行的监管，这是其非常重要的功能。监管当局可以得到公共征信系统数据的全部细节。这些基础统计数据可以向监管当局提供有关借款人或银行风险暴露最新概览，通过这些可以察觉出借款人是否会出现资不抵债的情况。这不仅能得到银行对一特定借款人的总风险暴露的信息，也能够监测单个银行对特定放款机构的风险暴露。在一些没有公共征信系统的国家，收集关于银行贷款的数据仅用于监管当局。公共征信系统的这种监督作用也解释了为什么一些国家报告的信息不仅限于信用数据。

三、日本为代表的行业会员制模式

日本是行业会员制模式的典型代表。日本征信业的发展模式，在第二次世界大战以前，是非常明显的以政府为主导的行业会员制模式。第二次世界大战以后，剔除了政府的一些因素，更多体现的是行业会员制发展模式。在日本，行业会员制征信发展模式主要体现在各种信用信息行业协会的存在上。目前，日本的信用信息机构可划分为银行体系、消费信贷体系和销售信用体系等类。相应的行业协会分别是银行业协会、信贷业协会和信用产业协会。这些协会的会员包括银行、信用卡公司、保险公司、其他金融机构、商业公司以及零售店等。上述大行业协会的信用信息服务基本能够满足会员对个人信用信息的需求。

日本银行业协会于1973年在东京建立了非营利的银行会员制机构，即日本个人信用信息中心。之后，各地的银行业协会相继建立了25家地方性的个人信用信息中心，地方性的银行作为会员参加"信息中心"。1988年，全国银行业协会把日本国内的信息中心统一，组建全国银行个人信息中心。信息中心的信息来源于会员银行，会员银行在与个人签订消费贷款的合同时，均要求个人提供真实的个人信用信息。这些个人信息中心负责对消费者个人或企业进行征信。该中心在收集与提供信息服务时要收费，以维持中心的运行与发展，但不以营利为目的。同时，日本征信业还存在一些商业性的征信公司，如"帝国数据银行"等。

日本的消费者信用信息并不完全公开，只是在协会成员之间交换使用，以前并无明确的法律规定，但在银行授信前，会要求借款人签订关于允许将其个人信息披露给其他银行的合同。目前，日本正在制定和完善有关保护个人隐私的基本法律，重点确定个人金融信用信息、医疗信息、通信信息的开放程度。同时，日本行业协会的内部规定对信用管理活动发挥着重要作用。

四、三种征信模式评价

不同的征信发展模式是在不同的历史条件下所产生的，均具有各自的特点，并在一定程度上相互补充。

央行集权型征信模式是在信用信息数据比较分散或缺乏的条件下，可以由政府出面协调社会各个方面，强制性地向社会各部门征集信用信息数据，从而可在较短的时间内集中力量迅速建立起信用信息数据库，具有很高的社会效率。但由于政府不是市场经济中的商业主体，投资和维护费用较大，需要政府一定的财力支持，而商业利益较小。

市场化主导型征信模式下，征信企业可以依法自由经营信用调查和信用管理业务，政府不直接参与经营，因而征信企业可以根据市场的需要来建设数据库和提供服务，促进了信用服务范围的扩大和信用服务质量的提高。但如果在本地征信制度发展不成熟时，外国或外地大型征信企业很容易占领本地的征信市场，将造成本地征信企业和信用中介服务机构发展困难。

行业会员制模式通过行业协会组织建立，行业内会员比较容易协调，有利于稳定各方合作关系。通过明确会员的权利义务，有助于提高信用信息数据库质量。但由于行业协会在各个国家或地区的影响力并没有达到日本的发展程度，各行业协会的发展也存在不平衡，导致信用信息不全面和不完整，难以满足征信机构对信用信息的需求。此外，该模式下信用信息共享范围较小，仅限于向协会会员提供信用信息服务，经济效益和社会效益较低。

第二节　国外典型的商业信用征信机构

一、美国

（一）邓白氏

企业征信机构在美国被称为商业信用调查机构，其中最具代表性的是邓白氏公司。1933 年，邓氏公司和白氏公司合并成为邓白氏，邓白氏公司总部设在美国新泽西的 Murray Hill。1963 年，邓白氏公司发明了邓氏编码（D – U – N – S Number）用于识别企业身份，在整合企业以及关联企业的各类信息方面发挥了重要作用。2001 年，邓白氏公司分拆为邓白氏和穆迪两家公司，进一步加快了专业化步伐。目前，邓白氏公司在全球 30 多个国家设有业务机构，年收入 20 多亿美元，业务广布北美、亚太、欧洲三大区域。

邓白氏 2016 年年报显示，90% 的全球五百强企业是其客户，截至 2016 年底，其全球商业数据库包含了 2.65 亿条商业记录，共有雇员 4800 名，其中 3400 名在美国、加拿大和拉丁美洲办公。

邓白氏公司的核心竞争力主要体现在其全球数据库上。邓白氏公司全球数据库作为覆盖了超过 2 亿家企业商业信息的海量数据库，收集了来自全球 214 个国家、95 种语言或方言、181 种货币单位、超过 2.65 亿条的商业信息。全球数据库收集信息的渠道和形式多样，除通过商事登记部门、商业信息提供商、黄页、报纸和出版物、官方公报、商业互联网、银行和法庭等常规外部渠道外，有时还采取拜访和访谈的形式收集信息。企业经邓白氏注册后，将建立一个专属的企业资信档案，存储在数据库中，供潜在合作伙伴调阅。进入全球数据库的企业信息必须完整且经若干年连续记载，及时更新和补充，以保持数据的动态化和有效性。

基于全球数据库，邓白氏公司主要为企业提供两大类产品和服务：一是信用风险管理解决方案，用于降低市场交易中的商业信用风险，主要包括商业资讯报告、在线监控服务、风险控制与管理系统、信用管理咨询服务和供应商管理五大内容；二是市场营销方案，帮助客户更加快捷地识别和拓展潜在客户，具体服务项目包括商业资料名录、目标客户定位、营销专案服务、资料库更新及管理方案等。上述产品和服务又可以进一步细分为：

1. 商业资信报告。邓白氏商业资信报告是被全球企业广泛使用的资信产品。借助邓白氏覆盖全球 200 多个国家及地区的信息网络，企业可以方便及时地全方位了解其客户的资信状况，并交叉核实自己已掌握的客户信息，监控老客户或问题客户的风险变化，还可以最快地洞悉新客户的信用状况，为业务决策提供信息支持。邓白氏商业资信报告主要包括：注册信息、历史记录、付款记录和付款指数、财务信息、公共信息、营运状况及企业家族关系，以及邓白氏评级风险指数和行业标准。

2. 信用管理咨询服务。由邓白氏的商务咨询顾问，运用邓白氏信用风险管理知识，为企业提供旨在帮助企业建立和调整其信用管理体系的咨询服务，以支持企业更好地管理客户和应收账款，减少坏账，优化现金流量。邓白氏信用管理咨询服务可以帮助企业建立：信用管理职能，包括制定连续稳定的信用政策，确定标准化的信用申请和审批流程，创建客户化的评估模型，设定信用相关人员和部门的职责等。应收账款管理职能，包括系统化应收账款管理流程和建立催收政策等。客户档案管理职能，包括建立集中、完善、可及时更新的客户档案等。

3. 风险评估管理系统。风险评估管理系统是一个集客户管理、信用评估及应收账款管理为一体的自动化信用管理工具，它将企业内部数据和邓白氏信息以信息仓库的形式结合在一起，结合后的信息通过一系列的客户化决策模型融入企业自己的信用决策准则，进而将商业信息提升为商业情报。同时，该系统可以对每个客户自动评出风险分数，并给予建议性的信用额度，使企业的整个信用决策过程客观、一致和高效。风险评估管理系统还可以细分客户群体，将不同的信用风险进行归类，让企业对其客户有更深层次的了解。

4. 数据库管理咨询服务。通过数据整合优化，确保企业所有的分支机构、职能部门在具有相同质量信息的基础之上进行运作。这一服务将企业所有的业务部门的客户和供应商信息整合在一起，使企业准确了解自己与各公司或集团公司的总体业务关系，确认以顾客身份出现的供应商，从而发现属于同一企业族系的客户和供应商的额外业务发展机会。借助这一服务，企业可在节省大量的时间和资源的同时，提高自身分析顾客、评估供应商、设定信用额度和确定风险的能力。数据库管理咨询服务的过程包括：标准化和清理客户和供应商的主要数据；删除重复记录；统一、及时整合不同来源的数据；识别已停止和有潜在欺骗性的商业个体；提供能够被企业资源规划系统接受的客户与供应商的数据格式等。

5. 邓白氏付款信息交流项目。邓白氏付款信息交流项目是一个集客户信用分析与公司信息采集为一体的信用信息系统。邓白氏公司在亚洲及全球大多采用这一方法对客户提供信用分析服务，并同时采集大量信用分析评估所需的信息资料。具体的运作方法为，参加邓白氏付款信息交流项目的客户根据交易周期的长短，将企业的付款信息按月或按季提交给邓白氏公司，邓白氏公司将这些付款记录分门别类地输入到相应的公司档案里，通过相应的数学模型软件进行分析比较，然后将分析结果反馈给参与项目的客户。这一项目给客户提供的服务，一是迅速判断回收货款时间及其对利润的影响；二是准确把握付款变化的趋势；三是对公司的付款记录与行业水平进行对比；四是对某一公司与其他供应商在付款上的差异比较，评估潜在的业务损失。

（二）标准普尔、穆迪、惠誉

严格区分来看，标准普尔、穆迪和惠誉公司应属于"信用评级机构"，也属于广义范畴内的征信机构。经过一百多年的发展，国际信用评级行业已形成以美国评级机构为主导的基本格局。其中，标准普尔、穆迪和惠誉三大评级公司在全球超过 110 个国家开展业务，覆盖了包括主权评级、非金融企业评级、银行评级、结构融资评级等主要评级业务类型，在全球评级市场中居于垄断地位。

标准普尔评级服务公司由标准统计局和普尔出版公司于 1941 年合并而成，总部位于美国纽约。成立当年，出版了用于公司债券统计和评级的新《债券指南》，包含 7000 种市政债券的评级清单。1946 年，标准普尔开始使用 IBM 电子打卡系统来搜集和存储美国公司信息，由此进入计算机自动化时代。1975 年，标准普尔与穆迪等一起被美国证券交易委员会确定为首批全国认可的统计评级机构。20 世纪 70 年代后期，标准普尔的债券专家委员会计划开始实施，成为第一家成立专家委员会解释其评级标准和第一家将前瞻性预测体现在评级报告中的评级机构。2017 年，标准普尔有 1200 多位分析师分布在全球近 30 个国家，拥有雇员 6000 多人。

穆迪投资者服务公司创立于 1909 年，隶属穆迪公司（Moody's Corporation），总部位于美国纽约。成立当年，穆迪首创对铁路债券进行信用评级，并以简明的符号表示对债券投资价值的分析结果。至 1924 年，穆迪评级几乎覆盖整个美国债券市场。1962 年，穆迪被邓白氏收购，成为邓白氏的子公司。2001 年，邓白氏公司进行改组，将邓白氏和穆迪分拆成两家独立的上市公司。自 20 世纪 80 年代起，穆迪不断拓展其海外业务市场，2017 年穆迪已在 24 个国家设有分支机构。

惠誉国际信用评级公司总部位于美国纽约和英国伦敦，其前身惠誉出版公司创立于 1913 年，最初是一家金融统计数据出版商。1924 年，惠誉公司首次推出从 AAA 级到 D 级的评级体系，并很快成为业界公认标准。20 世纪 90 年代，惠誉在结构融资评级领域取得重大进展，为投资者提供独家研究成果、对复杂信用评级的明晰解释以及比其他评级机构更强大的后续跟踪评级。1997 年，惠誉与总部位于伦敦的国际银行信贷分析公司（IBCA）合并，成为在美国纽约和英国伦敦拥有双总部的国际评级机构，这是惠誉迈向全球化的第一步。2000 年，惠誉收购世界最大的银行评级机构 Thomson 集团下的 Bankwatch 评级公司，进一步巩固了国际竞争地位。到 2017 年，惠誉已在全球 30 多个国家提供金融信息服务。

二、欧洲

（一）德国

在德国，公共征信系统和私营征信机构并存。德意志联邦银行信贷登记中心（Evi‑denzzentrale für Millionen Kredite）成立于 1934 年，是世界上最早建立的公共征信系统。受 1929 年至 1933 年经济危机影响，1931 年德国第二大银行达姆斯特国际银行瓦解倒闭，银行业信贷风险剧增。为缓释银行信贷风险和加强银行监管，1934 年出台的《德意志联邦银行法》授权德意志联邦银行建立公共征信系统，并规定信贷机构有义务向其报告大额贷款业务信息。之后，《德意志联邦银行法》经 6 次修订，不断扩大公共征信系统的业务报送范围和调整贷款信息报送门槛。德国公共征信系统对征信数据的应用主要依托大额贷款数据库 BAKIS－M 和研究分析子系统 MiMiK 系统。自 20 世纪 30 年代中期起，德意志联邦银行信贷登记中心开始建设 BAKIS－M 系统，并于 20 世纪 90 年代初实现档案电子化，2000 年起实现互联网查询。BAKIS－M 系统同时采集企业和个人的正、负面信息，数据报送机构包括商业银行、财务公司、保险公司、信用卡公司等，登记大额贷款占比接近德国信贷业务总额的 80%。系统定期提供信贷机构补充财务报表（son01、son02、son03）、基于偿债能力原则的 SA3 报告、基于流动性原则的 LI1、LI2 报告以及月度资产负债表等信用产品，供德意志联邦银行、银行监管当局（BaFin）和数据报送机构使用；数据报送机构可向系统申请查询单个借款人或关联借贷主体的信息；信息主体可以免费获取自身信用报告，并针对数据库中的信息向数据报送机构提出异议。德国公共征信系统为监管部门和信贷机构提供了大量的实际案例和数据支持，实现了加强审慎监管和风险控制、促进信息共享和信贷投放的目的。

（二）法国

法国征信体系建设采用典型的公共征信系统模式。1946 年，法兰西银行成立信贷登记服务中心（Service Central desRisques），信贷机构由此开始报送贷款数据。法国公共征信系统下设企业信贷登记系统（FIBEN）和个人信贷登记系统（FICP）两个数据库。1959 年以后，法国的社会保障组织接入公共征信系统，向系统报送公共事业欠费信息。1984 年法国颁布的《银行法》拓宽了公共征信系统的信息采集范围，要求所有银行和信贷机构（包括社会保障组织、租赁公司以及法国的外国银行分支机构）必须定期报送一定贷款额度以上的贷款数据。1993 年，法国信托局接入公共征信系统。2006 年 1 月，法国公共征信系统的贷款金额报送门槛由原来的 7.6 万欧元降低至 2.5 万欧元。

企业信贷登记系统采集的信息主要来源于金融机构，包括企业的描述性信息、信贷信息、财务数据、支付与风险相关信息、法律信息等。系统数据在有限范围内共享，只有获得授权的法兰西银行职员和金融机构职员才能使用公共征信系统。FIBEN 数据库提供的主要服务包括：为各金融机构提供信用报告查询；每月按照企业类型、贷款种类、行业、地区等相关比例进行统计分析并出具报告，供中央银行和金融机构决策参考。此外，法兰西银行还利用数据库为企业免费提供滚动评级，定期向货币当局、金融监管部门和金融机构提供违约率和破产企业数量。评级结果分为 13 个等级。

（三）意大利

科瑞福（CRIF）公司 1988 年创立于意大利的博洛尼亚，巴黎银行、德意志银行和意大利人民银行（意大利最大的公共信用合作机构）是其最大的股东，也是其征信信息的主要来源。科瑞福公司从 1997 年开始分别在英国、美国设立分支机构或通过兼并收购扩张业务，此后在墨西哥、俄罗斯以及斯洛伐克等国家都有业务。目前，在欧洲市场的银行信贷信息领域，科瑞福处于主导地位；在商业信息、信贷以及市场营销管理服务领域，科瑞福也是重要的国际参与者。全球每天超过 1800 家银行和金融机构使用科瑞福服务。

其提供的主要业务：进行信用评级以及出具信用报告、提供决策支持模型及管理解决方案、信息咨询及软件和系统维护工作。科瑞福公司通过对所收集的信息进行加工处理，对各类专业信息进行深度分类汇总，向外部客户提供专业信息的咨询服务。此外，科瑞福公司也提供专业的信用软件及系统的安装及维护工作。

三、亚洲

（一）日本

日本最大的企业征信机构——日本帝国征信公司（Teikoku Data Bank Ltd.，TDB）是一家私营征信机构，其历史最早可追溯到 1900 年，前身是东京一家专门从事资信调查的私家侦探社。经过几次转型后，1964 年，TDB 开始对外提供企业破产信息；1972—1973 年先后建立了企业财务信息数据库和企业概况信息数据库；1981 年更名为日本帝国征信公司，专门从事企业征信业务和信用市场研究工作。2013 年，TDB 在日本国内有 83 个分支机构，在韩国和美国也设有分支机构，其收集和存储国内 200 多万家企业的各类信用信息，与东京商工占据了日本企业征信市场 60% ~ 70% 的份额。TDB 的业务范围主要包括两方面：一是企业征信业务，提供企业信用信息查询和资信调查服务；二是市场研究及预测，提供经济形势、金融市场分析及研究报告。

TDB 的信用评价方法非常有特色，主要依靠公司中训练有素的调查员的经验，对被调查公司的实地访谈，并对公司的信用进行多侧面的间接调查（如有关银行、客户、同行、邻居等），在访谈过程中除了获取财务报表以外，还要依靠调查员的丰富经验，获得各种信息，甚至是察言观色，然后根据一个标准的评分手册对公司的多项指标打分，最后得出企业的信用评分。TDB 在日本全国有 1600 名调查员，大多数调查员都有 3~5 年约 2000 家公司的调查经验，因此调查员的经验判断比较可靠，调查效率也比较高。

（二）韩国

韩国征信业的主要特点是两级行业架构、三种共享模式。两级行业架构，一是根据 1995 年《信用信息使用及保护法》规定而成立的非营利性的信息登记机构，其中包括一家中央信用信息集中登记机构，即韩国银行联合会（简称 KFB）和四家行业信用信息集中登记机构。二是以营利为目的的私营征信局或征信公司，它们从 KFB 数据库中采集信息，同时通过协议从金融机构、百货公司等债权人处收集其他信用信息，再对外提供信用评级和信用报告等服务。

目前，主要从事企业征信业务的有韩国信用担保基金（KCGF）、韩国技术信用担保基金（KOTEC）和保证财团。根据 1974 年 12 月颁布出台的《信用保证基金法》，韩国信用担保基金（KCGF）于 1976 年 6 月 1 日成立。除了为有发展前景但缺乏有形抵押物的商业企业提供担保以促进融资外，KCGF 的一个重要目的就是通过有效的信用信息管理建立健全信用体系，并最终促进国内经济平稳发展。KCGF 对从各种渠道取得的信用信息进行有效管理，已成为目前韩国最大的信用信息提供商，其数据库拥有最广泛的韩国公司信息，信息内容包括：企业简况、企业财务、债务偿还情况、经理人背景、金融机构信誉、基金使用及其他各项服务的信息。提供的业务包括：信用保证服务以及电子模式化的保证服务、信用咨询、信用保险和基础设施担保等。

第三节　我国商业信用征信机构的发展与实践

一、征信机构发展历史

（一）近代征信机构发展

中国近代意义上的征信机构发展历史可以追溯到 20 世纪初，最早是上海商业储蓄银行开展的信用调查业务，规模和调查范围都很小，最初主要为内部押汇客户开展信用调查和对有关信用函件进行答复，后发展到接受客户委托开展公司商号的营业状况调查或个人资产信用状况调查。20 世纪 30 年代初，外资在上海开设的专门信用调查机构已有 5 家，包括日商办的上海兴信所、帝国兴信所和东京兴信所，以及美商办的商务征信所和中国商务信托总局。

中国征信所是近代中国第一个专业征信机构。1932 年 3 月，浙江实业银行的章乃器等人策划建立了一个团体——中国兴信社。中国兴信社于 1932 年 6 月 6 日正式创办了中国征信所，其主要业务为"报告市场实况；受会员或外界委托，调查工厂商店及个人身家事业之财产信用状况，最短时间内将调查结果报告给委托者"。中国征信所开办之初，基本会员几乎囊括了重要的华商银行和官方控股银行，还发展了众多的普通会员，会员数量居上海信用调查机构之首。中国征信所主要实行年缴费制，会员按年缴纳金额的多少享受不同的收费优惠，对于非会员单位的委托调查，则按次收取高于会员的调查费用。中国征信所业务规模发展迅速，到 1933 年 8 月，有基本会员 29 家，普通会员 67 家，固定的服务对象将近 100 家；到 1936 年 11 月，拥有公司行号调查档案 3 万户，工商界个人档案 1 万多户，总共发出调查报告 3 万份。1937 年日本发动侵华战争，中国征信所发展遭到重大挫折，陷入经济困境。抗战胜利之初，中国征信所曾拟定了复兴计划，但受内战及恶性通货膨胀的影响，社会对信用调查的需求急剧减少，业务发展艰难。1949 年 8 月，中国征信所关闭。

联合征信所是中国第一家官方建立的征信所。联合征信所于 1945 年 3 月由重庆联合票据承兑所联络四联总处（当时国民政府设立的管理中央银行、中国银行、交通银行、中国农民银行四大行的专门机构，简称四行）和中国银行、中央银行、交通银行、农民银行四个国家银行及重庆市银钱业公会筹建而成。联合征信所实行所员制，所员分为基本所员和普通所员。基本所员除可派代表参与决定一切事务外，还在委托办理信用调查案件、获取征信资料等方面享有特权。普通所员没有资格限制，缴纳费用就可加入。联合征信所的调查范围与社会服务面均较为狭窄，其业务分为三类：经常调查、专业调查和特种调查。经常调查即信用调查，主要是针对企业及个人的信用状况的调查。专业调查，主要是工商业概况调查。特种调查就是四联总处和各银行指定的特别调查项目，其中既有工商企业公司的信用调查也有工商业概况类调查。抗战胜利后，联合征信所总部由重庆迁往上海，1946 年 1 月，在上海的联合征信所正式开业。1946 年 4 月设立汉口分所，同年 9 月开设南京分所，1947 年 4 月设立平津分所暨北平办事处和南昌分所，同年 9 月又设立平津分所沈阳通讯处。联合征信所的这些分支机构，除开展一般的征信业务外，在很大程度上承担了四行二局（邮政储金汇业局、中央信托局，简称二局）委托的一些业务调查，如在 1948 年国内经济紊乱时期提供了市场动态报告以及在 1948 年币制改革后将上海市场的反应做成专题，这些调查在国家金融管理过程中发挥了一定的作用。从业务量来看，在业务最繁忙的 1946 年底和 1947 年初，联合征信所平均每月的调查量高达 600 件左右。1948 年 11 月，在全面经济危机中，四联总处奉命撤销。1949 年 5 月，联合征信所关闭。

（二）现代征信机构发展

改革开放前的计划经济时代，中国市场观念淡薄，征信机构淡出经济领域。改革开放后，中国逐步由计划经济向市场经济转变，中国的征信机构逐步发展起来。

20 世纪 80 年代以来，中国的对外经济取得了很大发展。越来越多的海外投资者和出口商需要了解中国合作伙伴的情况，中国也需要对国外合作伙伴进行了解。为了促进国际贸易和外国投资，当时的对外经济贸易部决定由所属的计算中心成立"中贸远大信用调查机构"，这标志着现代中国企业征信机构的发端。此后，民营资本开始涉足信用调查业务，成立了一些市场化运作的企业征信机构。1992 年 11 月，北京新华信国际信息咨询有限公司成立，成为中国第一家专门从事企业征信的公司，并于 1993 年 2 月开始正式对外提供服务，标志着中国的企业征信行业开始进入市场化运作阶段。1995 年，美国邓白氏公司在上海成立了一家全资子公司，同时，也带来了国际先进的企业信用管理和营销理念。

20 世纪 90 年代以后，随着金融改革的逐步推进，商业银行及监管部门对信用信息共享的认识上升到全新高度。1992—1995 年，中国人民银行在深圳试点贷款证制度，由放贷银行在贷款证上逐笔登记放贷信息。1996 年，开始推进电子化管理，将贷款证升级为贷款卡；1997 年，依托贷款卡，中国人民银行组织金融机构建设银行信贷登记系统，并于 2002 年建成地市、省级和全国三级数据库体系。2006 年 3 月，中国人民银行征信中心成立。2013 年，《征信业管理条例》正式实施，确立了征信机构设立的基本原则，建立了从事个人征信业务和企业征信业务所应遵循的基本规则，为促进征信机构多元化发展奠定了重要基础。市场化的个人征信机构和企业征信机构迎来了新的发展机遇。

2014 年，国内首批企业征信牌照开始下发。2015 年初，中国人民银行下发通知，令芝麻信用、腾讯征信、拉卡拉等 8 家企业做好关于开展个人征信业务的准备工作，中国征信行业开始呈现市场化。2016 年，企业征信备案在存量既定的情况下审批节奏有所放慢，个人征信前期报备审批试点范围有所扩大。与此同时，国内互联网代表性机构不断加入企业征信业务。例如，2016 年 7 月，芝麻信用推出小微企业信用洞察服务"灵芝"系统；2017 年 2 月，阿里巴巴推出企业诚信查询平台等。在个人征信领域，2018 年 2 月，央行官网显示百行征信有限公司获批设立，百行征信主要针对除银行、证券、保险等传统金融机构以外的网络借贷等领域开展个人征信活动，属于民间征信机构。综合来看，随着社会大众信用需求增加、信用意识不断增强，中国征信行业潜力依然有待释放。

二、主要的商业信用征信系统和机构

（一）金融信用信息基础数据库

金融信用信息基础数据库（以下简称金融数据库）是中国重要的金融基础设施，其前身是中国人民银行组织建设的全国统一的企业信用信息基础数据库和个人信用信息基础数据库。这两个数据库由中国人民银行征信中心负责建设、运行和维护。收集信息的对象主要是从事信贷业务的机构，包括以商业银行为主体的银行业金融机构、以金融消费公司为主体的非银行金融机构，以及以小额贷款公司为主体的非金融机构等。通过以上放贷机构收集企业和个人的身份信息、银行信贷信息等。这些信息经过整理、加工，提供给各类放贷机构，用于贷前审查、贷后管理等。

从数据库收录的企业信用信息来看，截至 2015 年底，共收录企业及其他组织 2120 万户，其中 577 万户有信贷记录。根据国家统计局数据，2015 年仅规模以上工业企业即有超过 38 万个。根据中商情报网数据，2015 年底，全国工商登记中小企业超过 2000 万家，个体工商户超过 5400 万家，合计 7400 万家。数据库中收入的企业数占全国企业总数的仅有 30%，有信贷记录的企业占全国企业总数的比例则不足 1%。

目前，金融数据库提供的信用信息产品不仅被各类金融机构广泛应用在信用风险管理中，而且渗透到经济社会的其他方面。一是促进金融机构提高信用风险管理水平，提升审批效率。金融数据库促进金融机构实现了信贷决策从简单的定性分析向定量分析转化，有效提高了风险管理能力。金融数据库在提高授信申请审批效率、推动解决小微企业融资难问题方面也成效显著。二是为信贷市场健康发展提供了基础保障。近年来，中国信用卡、消费信贷等发展迅速，借款主体不断增加，而不良贷款率逐年下降，金融体系稳定运行，金融数据库发挥了基础性作用。三是支持社会信用体系建设，特别是部分政府部门在财政贴息项目审查、小微企业扶持计划资质认定、企业信用分类管理、集中采购、项目招投标、招商引资、公务员录用等活动中将企业和个人信用状况作为评价指标之一，有效促进了失信联防惩戒机制作用的发挥。

截至 2017 年 5 月底，累计有 3000 家机构接入人民银行征信系统，数据库共收录 2371 万户企业和组织的相关信息，2017 年 1—5 月，企业信用报告日均查询 22 万次。

（二）政府背景的征信系统

《社会信用体系建设规划纲要（2014—2020 年）》明确建设行业、地方、社会和金融四大领域的信用信息系统的总体框架，提出通过对行业信用信息系统、地方信用信息系统和社会化征信系统三类系统的建设，逐步形成覆盖全部信用主体、所有信用信息类别、所有区域的信用信息网络。不少地方政府部门积极推动地方信用体系建设，由地方政府直接出资，或设立政府独资或控股的征信公司，直接参与社会信用服务系统的建设和经营管理，接收各类政务信息或采集其他信用信息，并向政府部门、企业和社会公众提供信用信息服务。

国家公共信用信息中心主办"信用中国"网站，是政府褒扬诚信、惩戒失信的窗口，主要承担信用宣传、信息发布等工作，使用社会信用体系建设部际联席会议成员单位提供的对社会公开的信用信息，目前开通了《失信被执行人查询》《重大税收违法案件查询》《守信红名单》《失信黑名单》等系统。

商业信用中心主办的"信用商业"网站，是为我国政府信用主管部门及信用中介机构提供翔实、可靠、及时的信用信息参考依据，使其准确掌握商业信用信息资源的实际情况，增强企业信用观念和风险防范意识，实现企业信用信息的公开与共享，促进企业诚信经营。目前开通了"国有企业供应商信用管理平台""公共资源交易信用服务平台"等信用信息、评价结果查询系统。

（三）社会（民营）征信机构

相较于金融、政府信用信息基础数据库等公共征信系统，社会（民营）征信机构规模相对较小，机构分布与区域经济发展程度相关，机构之间发展不平衡，征信业务收入和人员主要集中在几家大的征信机构上。

目前，国内从事商业信用征信业务的征信机构主要有鹏元征信有限公司、中诚信征信有限公司、上海资信征信有限公司等机构。近年来，互联网代表性机构主导设立的征信机构，也开展部分企业征信业务，如芝麻信用管理有限公司、元素征信有限责任公司同时拥有企业征信备案资质。

2002年3月28日，上海资信承担建设的上海市企业信用联合征信系统上线，后者成为上海市社会信用体系基础平台的运作载体。2014年9月，上海资信CCS商业信用征信系统上线试运行，作为央行征信中心金融信用信息基础数据库的企业征信子系统，该系统专注于采集融资租赁、商业保理、保险、企业间信用交易等相关信息，提供共享征信服务。上海资信计划将该系统打造成业务覆盖全国的第三方专业信用评价平台。在产品方面，上海资信的企业征信产品集中在企业征信报告上。相较于人民银行征信中心提供的企业征信报告，其征信产品中的数据分析类产品较少，如表3-1所示。

表3-1　　　　　　　　　　上海资信的企业征信产品

类型	内容	适用范围
基本信用报告	企业辨识信息、关联方信息、公众记录	适合客户对初次结识的交易对象进行识别与筛选
商业信用报告	企业基本信息、关联方信息、公众记录、外部评价、关于主要经营者、经营情况、财务状况的概要信息	帮助客户较为直观地了解交易、投资或授信对象

续表

类型	内容	适用范围
信用分析报告	商业信用报告内容基础上通过实地调查、访谈和函证等方式提供分析和预测	客户在进行重大投资或授信决策前参考

2015 年 12 月 25 日，芝麻信用管理有限公司获得中国人民银行杭州中心支行颁发的《中华人民共和国企业征信业务经营备案证》。目前，芝麻信用提供企业信用报告、企业信用评分、企业风险云图、企业关注名单、企业风险监控、企业信用信息查询等多个企业征信相关产品，如表 3 – 2 所示。

表 3 – 2　　　　　　　　芝麻信用企业征信产品

产品名称	产品功能
企业信用报告	将工商、司法、海关、经营记录、企业及法人对外投资等多维数据融合，刻画企业整体状况。
企业信用评分	分数取值区间在 1～100 分，分值越高，信用风险越低。
企业风险云图	引入传染病传播模型，通过挖掘投资、经营、债务等关系揭示企业之间的关联，基于风险种子的风险传播，评估企业、个人、企业群、行业、地域、产业链等多维度的关联风险。
企业关注名单	涵盖政府、公共事业机构、行业联盟、合作伙伴等渠道的各类企业不良记录，同时将来自政府部门的负面信息，如行政处罚、经营异常等纳入到关注名单中进行披露，对违法违规企业开展征信层面的联合惩戒，通过间接限制其使用金融、商业及生活场景的信用服务，提高企业的失信成本。
企业风险监控	对影响到企业信用风险的指标实时监控并进行预警推送，如阿里平台处罚信息、工商照面信息变动、失信处罚、诚信等级下降等。
企业信用信息查询	展示企业的注册信息、历史沿革、股权结构、企业及法人对外投资、法人代表对外任职等信息，同时还会提供涉诉记录、行政处罚等负面记录，此外可以通过芝麻信用企业评分、企业所属的行业地域风险指数等。

2013 年成立的元素征信有限责任公司，是人民银行首批备案的企业征信机构，是国家发改委首批试点的综合信用服务机构。

元素征信以政府机构授权、互联网网站爬取、行业积累数据为基础，通过大数据、知识图谱、人工智能及区块链等应用技术，向政府机构、金融及类金融机构、大中型企业、高校院所等提供标准化和定制化的创新型企业征信服务产品，已经构建形成多元化、多层次的企业征信服务体系和征信产品，如表3-3所示。

表3-3   元素信用的企业征信产品

产品名称	产品功能
企业征信报告	报告呈现企业在工商、司法、税务、招投标、媒体活动等维度中的客观信息，及主体在其商事活动中的荣誉和失信信息。
企业信用评分	根据企业外部环境、自身特质、股东背景、经营水平、负面信息和关联风险共6个维度，以R1至R15为评级标尺，综合量化企业信用风险。
关联分析	基于企业股权、任职的复杂网络，利用随机游走模型实现企业集群聚类，实现在复杂的网络中快速找到企业族群的关键企业和个人，应用于大型企业、上市公司的企业集群黑名单预警、企业集群监控等。
数据开放平台	为金融服务、金融科技等场景以接口形式，提供全面的企业数据服务，补充客户数据信息，帮助各类机构建立风控规则、提供模型数据。
企业征信平台	对银行、证券、支付、保险等领域提供自动化的贷前报告、商业调查报告。帮助客户快速获取目标主体的多维精确信息，解决因信息不对称所带来的诚信、风险问题，帮助客户减少不必要的信用风险和损失。
社会信用平台建设	面向发改委、商务部、地方政府及各委办局，提供信用信息服务平台建设方案，实现基于信用的信息查询共享，红黑名单公示及联合惩戒联动监管。
数据湖决策引擎	利用多渠道海量权威数据，集成搜索引擎、图数据库、API系统等工具，以Hive、Spark等分析引擎，搭建关联挖掘、机器学习建模、知识图谱等应用，综合提供企业、机构的内外部数据整合、应用方案。
大数据实验室	对高等院校、咨询研究机构提供数据在线分析平台，用于其构建模型、数据实操、统计分析等应用。满足各类科研需求，综合提升学生的动手操作和项目实践能力。
合作伙伴管理	帮助大中型企业对其上下游合作伙伴（供应商、经销商）做审核准入、持续监控管理，并提供系统化的供应商管理解决方案。

在信用评级领域，目前国内有9家信用评级公司从事债券市场评级业务，分别是大公国际资信评估有限公司、上海新世纪资信评估投资服务有限公司、联合资信评估有限公司、中诚信国际信用评级有限公司、联合信用评级有限公司、中诚信证券评估有限公司、鹏元资信评估有限公司、东方金诚国际信用评估有限公司和中债资信评估有限公司。上海新世纪资信评估投资服务有限公司

成立于 1992 年，2008 年开始与标准普尔开展评级技术合作；中诚信国际信用评级有限公司成立于 1999 年，2006 年其 49% 的股份被穆迪收购，从此成为穆迪的成员；联合资信评估有限公司成立于 2000 年，2005 年开始与惠誉开展评级项目合作，2007 年惠誉持有联合资信 49% 的股份；中债资信评估有限责任公司成立于 2010 年 8 月，由中国银行间市场交易商协会代表全体会员出资设立，是国内首家以采用投资人付费营运模式为主的新型信用评级公司。上述 9 家评级机构的业务收入、从业人员、机构规模相对较大，业务范围主要包括企业债券评级、金融债券评级、非金融企业债务融资工具评级、结构化融资产品评级等。其他信用评级公司相对来说业务规模较小，从事的信贷市场评级业务主要包括借款企业、担保公司、小额贷款公司信用评级等。

三、我国商业信用征信机构现状

目前，我国征信体系是以央行征信中心为主，由银行、小贷公司等金融机构、类信贷企业提供信用数据，央行征信中心对数据统一处理，具有信息安全度高等特点。但是政府主导的公共征信体系在更新频率、人群覆盖面、数据维度、商业场景应用等方面存在不足，因此监管层批准征信行业市场化。至今已有超过 140 家企业征信机构在央行就商业信用征信业务完成备案，并开展相关业务。

随着 2014 年企业征信牌照的下发及 2015 年个人征信市场化的开启，中国征信企业在数量上发展迅速，截至 2016 年底，中国征信市场持牌、准持牌机构约为 228 家，数量增长 60.6%。企业征信主体 128 家，获得企业牌照的企业主体为 78 家，目前完成备案的企业征信主体已超过 140 家。

在股东背景上，已备案的企业征信机构的股东背景多样，既有互联网公司，又有传统金融机构；既有国有股东背景的征信机构（如上海资信征信有限公司），又有大量社会征信机构。此外，部分已备案的企业征信机构也是个人征信业务准备机构（考拉征信服务有限公司、中诚信征信有限公司、上海资信征信有限公司、广东鹏元征信有限公司和芝麻信用管理有限公司等）。

由于企业征信牌照暂不审批，各家需定期向人民银行报备业务发展情况。凭借人民银行金融数据库，央行征信中心在企业及个人征信领域仍然居于主导地位，市场化征信则起着辅助、补充的作用。

2015年，央行征信中心查询总次数约为7.19亿次，较2014年的5.05亿次增长42.4%。其中，个人征信占总查询次数的88%，为6.31亿次，同比增长55.8%，企业征信系统总查询次数为0.89亿次，占比12%，较2014年1亿次查询量下降12%。从2011—2015年查询次数变动趋势来看，个人征信与企业征信社会需求量的增长率大相径庭。个人征信用户需求量呈现爆发式增长，从2011年2.4亿次总查询量增长到2015年6.31亿次，增长率约为263%。企业征信在2012年全年累计查询次数为0.69亿次，增长量为2800万次，增幅将近41%。但查询量爆发式增长后，2012年至2015年，企业征信查询量增长速度缓慢。

进入2018年，5月，穆迪设立穆迪（中国）有限公司；6月，标普设立标普信用评级（中国）有限公司；7月，惠誉在中国成立惠誉博华信用评级有限公司。三家国际巨头正式全面进入了中国，区别于之前的合资方式，目前都设立了独资经营的子公司。随着中国评级市场的不断对外开放，国际化进程的不断加快，引进有较大影响力的信用评级公司，有利于满足国际投资者配置多元化人民币资产的需求，更有利于促进我国评级行业的更好发展。

四、中国征信业发展模式

基于当前央行征信中心在企业及个人征信领域仍然居于主导地位，市场化征信则起着辅助、补充的作用的实践特点，结合发达国家的三种征信模式，我国不能完全照搬，应在借鉴国外经验的基础上，根据我国基本国情及征信行业发展的实际需要，在策略上采取分步走的方式：在政府推动下，从政府筹建到政府分离并推向市场，最终到政府独立地行使监管执法权。在战略实施上：第一步是政府推动为主，市场化运作为辅；第二步是市场化运作；第三步采用领先技术，将传统征信与大数据征信技术相结合，形成征信产业链。

我国征信业大致分为三大发展模式：一是基于金融监管要求形成的征信发展模式，表现为中国人民银行征信中心为特征的政府主导模式；二是基于社会信用体系建设需要，由各地方政府和政府职能部门参与、推动的社会诚信发展模式；这类征信模式大多重视个人征信；三是行业协会主导的同业发展模式和快速发展的网络征信的发展模式，这类模式以商业信用征信为主，市场化运作特征明显。

上海、深圳和浙江是我国最早探索建立征信系统的省市，这三个地区征信系统建设都有政府的主导和扶持，个人征信系统与商业信用征信系统分开建设，政府直接投资或委托第三方建设，投入运行后向服务方收取一定费用。中国人民银行建设和管理的征信系统是我国首个覆盖全国的征信系统，该系统综合了以上三省市征信系统的主要特征，在运行方式上具有一定的市场化运作特征。综合我国征信系统发展历程，可以发现政府在建设初期的投资、服务范围等方面发挥了主导作用，在后期系统运行期间都实施有偿服务，具有市场运作属性。随着全国统一的企业和个人征信系统全面投入应用，我国征信业发展取得了一定进步，但征信行业和征信机构有待进一步发展。

本章小结

从商业信用征信模式来看，国外征信业主要有三种模式：美国为代表的市场主导型模式、欧洲为代表的央行集权型模式、日本为代表的行业会员制模式。不同的征信发展模式是在不同的历史条件下所产生的，均拥有各自的特点，并在一定程度上相互补充。

在征信机构层面，企业征信机构在美国被称为商业信用调查机构，其中最具代表性的是邓白氏公司。邓白氏公司的核心竞争力主要体现在其全球数据库上。邓白氏公司主要为企业提供两大类产品和服务：信用风险管理解决方案和市场营销方案。

从更加细分的角度，标准普尔、穆迪和惠誉公司属于"信用评级机构"，也属于广义范畴内的征信机构。国际信用评级行业已形成以美国评级机构为主导的基本格局。其中，标准普尔、穆迪和惠誉三大评级公司覆盖了包括主权评级、非金融企业评级、银行评级、结构融资评级等主要评级业务类型，在全球评级市场中居于垄断地位。

从国内发展与实践来看，中国征信机构发展始于20世纪初。2013年，《征信业管理条例》正式实施，确立了征信机构设立的基本原则，建立了从事个人征信业务和企业征信业务所应遵循的基本规则，为促进征信机构多元化发展奠定了重要基础。

在模式上，我国征信业大致分为三大发展模式：一是基于金融监管要求形成的征信发展模式，表现为中国人民银行征信中心为特征的政府主导模式；二是基于社会信用体系建设需要，由各地方政府和政府职能部门参与、推动的社会诚信发展模式；这类征信模式大多重视个人征信；三是行业协会主导的同业发展模式和快速发展的网络征信的发展模式，这类模式以商业信用征信为主，市场化运作特征明显。

本章要点

- 市场主导型征信模式的特点
- 央行集权型征信模式的特点
- 行业会员制征信模式的特点
- 代表性商业征信机构及其发展历程
- 我国征信业发展模式的趋势和方向

本章关键术语

征信模式　征信机构　市场主导型模式　央行集权型模式　行业会员制模式

本章思考题

1. 如何理解三种征信系统模式的特征？
2. 试述欧洲产生中央集权征信模式的原因。
3. 简述全球典型征信机构的特点。
4. 试述商业信用征信机构的发展方向。
5. 如何理解中国征信业发展模式的选择？

第四章　商业信用征信业务

第一节　商业信用征信业务与流程

一、商业信用征信业务范围

商业信用征信业务是指商业信用征信机构按一定规则合法采集工商企业的信用信息，并通过征信技术手段进行加工处理形成信用报告，有偿提供给有合法需求的信息使用者，为其了解交易对方的信用状况提供便利。因此，商业信用征信的业务操作是围绕征信报告制作进行的，与形成报告有直接关系。

传统意义上的商业信用征信业务一般指商业信用征信机构向各类授信人提供的专业的"资信调查"或"信用调查"服务，其核心产品是资信调查报告，主要应用领域是企业间的赊销交易。

随着社会生产力和科技水平不断发展，通信能力日渐增强，数据获取渠道日渐丰富，数据存储和维护成本大幅降低，计算机算力提升日新月异，对数据模型的理解和运用能力也发生了质的飞跃。基于此，现代征信技术有了巨大发展，商业信用征信机构的业务也逐步超出编制征信报告的范围，以满足不同主体、不同场景、不同时期的各类需求。但商业信用征信的基础是资信调查，向用户提供商业信用资信调查报告依然是商业信用征信业务的核心，本书对商业信用征信的业务范围也界定在对商业信用征信报告的编制。

根据被调查对象的合法工商登记或办公地点，商业信用征信业务可分为两种，即本地征信和海外征信。所谓的本地征信，是指被委托人对本地企业进行资信调查，被调查的目标企业是本国的企业法人或事业法人。例如，对商业信用征信机构而言，调查在我国市场监督管理部门登记的企业法人，不论被调查的企业是国有企业还是私营企业，调查操作都属于本地征信范畴。

二、商业信用征信业务流程

商业信用征信机构的基本流程包括：制订数据采集计划、采集数据、数据分析、形成信用报告，见图4－1。

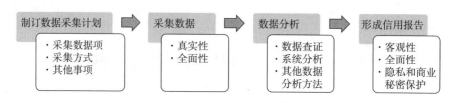

图4－1　商业信用征信业务流程

（一）制订数据采集计划

能够反映被征信工商企业信用状况的信息范围广泛，为提高效率、节省成本，商业信用征信机构应事先制订数据采集计划，做到有的放矢。这是征信基本流程中的重要环节，好的数据采集计划能够有效减轻后续环节的工作负担。一般地，数据采集计划包括以下内容：

1. 采集数据项

客户使用征信产品的目的不尽相同，有的希望了解被征信企业短期的信用状况，有的则是作为中长期商业决策的参考。客户的不同需求决定了数据采集重点的迥异。征信机构要本着重点突出、不重不漏的原则，从客户的实际需求出发，进而确定所需采集数据的种类，如重点关注该企业的历史信贷记录、资金周转情况，需采集的数据项为企业基本概况、历史信贷记录、财务状况、上下游客户等。

2. 采集方式

确定科学合理的采集方式是采集计划的另一主要内容。不论主动调查，还是授信机构或其他机构批量报送的数据，征信机构都应制定最经济便捷的采集方式，做好时间、空间各项准备工作。对于批量报送数据的方式，由于所提供的数据项种类多、信息量大，征信机构应事先制定一个规范的数据报送格式，让授信机构或其他机构按照格式报送数据。

3. 其他事项

在实际征信过程中，如果存在各种特殊情况或发生突发状况，征信机构应在数据采集计划中加以说明，以便顺利开展下面的工作。

（二）采集数据

数据采集计划完成后，征信机构应依照计划开展采集数据工作。数据一般来源于已公开信息、征信机构内部存档资料、授信机构等专业机构提供的信息、被征信企业主动提供的信息、征信机构正面或侧面了解到的信息。出于采集数据真实性和全面性的考虑，征信机构可通过多种途径采集信息。但是这并不意味着数据越多越好，数据采集与征信数据采集是有区别的，要兼顾数据的可用性和规模度，在适度的范围内采集合适的数据。

（三）数据分析

征信机构收集到的原始数据只有经过一系列的科学分析后，才能成为具有征信价值的征信数据。

1. 数据查证

数据查证是保证征信产品真实性的关键步骤，包括：一查数据的真实性。对于存疑的数据，征信机构可以通过比较不同采集渠道的数据，来确认正确的数据。当数据来源唯一时，可通过二次调查或实地调查，进一步确定数据的真实性。二查数据来源的可信度。某些被征信企业为达到不正当目的，可能向征信机构提供虚假的信息。如果发现这种情况，征信机构除及时修改数据外，还应记录该被征信企业的"不诚信行为"，作为以后业务的参考依据。三查缺失的数据。如果发现采集信息不完整，征信机构可以依据其他信息进行合理推断，从而将缺失部分补充完整。例如，使用某企业连续几年的财务报表推算出某几个数据缺失项。最后是被征信企业自查，即异议处理程序。当被征信企业发现自己的信用信息有误时，可向征信机构提出申请，修正错误的信息或添加异议声明。特别是批量报送数据时，征信机构无法对数据进行一一查证，一般常用异议处理方式。

2. 系统分析

作为征信活动中核心的数据分析手段，运用先进的数据挖掘技术和统计分析方法，通过对基本概况、信用历史记录、行为记录、交易记录等大量数据进行系统的分析，挖掘数据中蕴含的行为模式和信用特征，捕捉历史信息和未来信息表现之间的关系，对被征信企业的信用表现作出综合评估。

3. 其他数据分析方法

在对征信数据进行分析时，还有其他的方法，主要是借助统计分析方法对征信数据进行全方位分析，并将分析获得的综合信息用于不同的目的，如市场营销、决策支持、宏观分析、行业分析等领域。使用的统计方法主要有关联分析、分类分析、预测分析、时间序列分析、神经网络分析等。

（四）形成信用报告

征信机构完成数据采集后，根据收集到的数据和分析结果，加以综合整理，最终形成信用报告。征信报告是征信机构前期工作的智慧结晶，体现了征信机构的业务水平，同时也是客户了解被征信企业信用状况、制定商业决策的重要参考。因此，征信机构在生成信用报告时，务必要坚持客观性、全面性、隐私和商业秘密保护的科学原则。所谓客观性，是指信用报告的内容真实客观，没有掺杂征信机构的主观臆测。基于全面性原则，征信报告应充分披露任何能够体现被征信企业信用状况的信息。但这并不等于长篇大论，一份高质量的信用报告应言简意赅、重点突出，使客户能够一目了然。征信机构在制作信用报告过程中，一定要严格遵守隐私和商业秘密保护原则，避免泄露相关信息，防止客户权益受到损害。

信用报告是征信机构最基本的终端产品，随着征信技术的不断发展，征信机构在信用报告的基础上衍生出越来越多的征信增值产品，不论形式如何变化，这些基本原则是不变的。

各类征信机构在具体的业务流程上各具特色，存在一定差异。这种特色和差异也是各征信机构的独有竞争力。

以邓白氏的征信业务流程为例，邓白氏的征信业务流程具体分为如下五个步骤：全球数据收集→企业匹配→邓氏编码→企业家族链接→预测指数。具体释义如下：

全球数据收集：凭借邓白氏全球庞大的信息资源网络广泛收集数据。

企业匹配：通过邓白氏独有的企业匹配技术，与其全球数据库进行匹配和整合，为每家企业整合出一条唯一而精确的商业记录。

邓氏编码：为进入其全球数据库的每家企业配置全球唯一的邓氏编码，从而通过企业的每项日常活动来识别与跟踪全球企业。

企业家族链接：通过不断建立和更新的全球家族企业树，显示目标企业所有关联企业的整体风险与机遇。

预测指数：运用统计分析系统评级企业的以往绩效，并预测企业的未来表现。

在上述流程中，企业匹配、邓氏编码和企业家族链接环节均可以视为"数据分析"环节的具体内在展开，从邓白氏提供的产品线来看，这种特殊的数据处理环节也为其产品增加了核心竞争力。

第二节　商业信用征信报告与服务

一、商业信用征信报告

商业信用征信报告是全面记录工商企业各类经济活动，反映企业信用状况的文书，是根据采集的信用信息，经验证、整理、分析后形成的客观反映被征信企业信用状况的信息集合报告，供使用人作为判断被征信企业信用状况的参考，是企业征信系统的基础产品。

商业信用报告是商业信用信息基础数据库生产的重要信息产品之一。商业信用征信报告涵盖的内容十分丰富，包括企业概况信息（包括注册企业名称、经营地址、注册资金、法人代表、联系方式、负责人和股东信息、资本关联和财务信息），信用信息（包括未结清信贷信息、已结清信贷信息、未结清不良信贷资产信息、已结清不良信贷资产信息、当前欠息信息、当前对外担保信息、信贷风险评价信息等），其他信息（包括企业发展历史沿革、公司治理情况、资本市场融资、涉诉信息、行政处罚、公共信息、异议信息等）。

商业信用征信报告按照内容的不同可以划分为三类，分别是标准征信报告、深度征信报告和专项征信报告。

1. 标准征信报告包括企事业机构信用状况的基本信息，如注册信息、通信地址、法定代表人情况、机构的经济类型、经营范围、财务状况、信用评级等。

2. 深度征信报告是在标准征信报告的基础上，更加详细地反映所涉及机构的综合运行情况，包括经营活动中的特征、经营方式、信誉状况、信贷能力、财务状况以及在市场中的公众形象等。

3. 专项征信报告是为满足客户的特殊需求，根据客户要求而为其量身定制的特殊报告。

对于产品受众而言，商业信用征信报告主要用途包括：披露工商企业的信用信息，并对其资质进行评价和对其信用风险进行预测，缓解信用交易中信息不对称的问题，扩展企业经济活动的地域空间；调查借款、被赊销企业或商务合作方的信用状况，了解其偿还能力与偿债意愿，协助赊销企业等主体规避信用风险；增强信用信息的透明度，全面及时掌握风险状况；为企业商务交易和信用管理决策提供信息和评估支持；降低商务和信贷交易成本；促进企业信用记录、监督和约束机制的建立；等等。

二、商业信用征信服务

商业信用征信服务的提供者主要是专业的商业信用征信机构，采取的服务手段是提供征信报告，而征信服务的用户是赊销企业的信用管理部门和销售部门。鉴于"商业信用征信"是受委托的商业信用资信调查，多数委托人是征信服务的直接使用者。

征信机构在调查手段、数据分析技术、社会关系网络和现场核实能力等许多方面，远胜于单个企业信用管理部门的能力，在采集数据和调查数量方面产生规模效应，具备低成本调查的绝对竞争优势。因此，征信服务已经成为一种相当普及的专业服务，赊销企业的授信决策越来越依靠征信服务的支持。

商业信用征信服务是征信市场上的一种基础性服务，也是一种商业化的有偿服务。在形式上，商业信用征信服务是受委托的资信调查。在服务的深度方面，具体体现在所形成的不同种类的征信报告上，调查可以是普通、深层次和专项的。

第三节　商业信用征信业务操作

一、企业线下调查

企业线下调查是指在依据征信数据库的记录向客户出具征信调查报告之前，委托调查员到现场核实被调查对象的情况，对企业的信用状况进行的专项调查和分析，是一种市场化的线下调查服务。

（一）线下调查四要素

1. 采集时间：在采集信用信息时，根据不同调查对象的特点，选择合适和充裕的时间去访谈，保证采集信用信息的完整和准确性。

2. 采集地点：在实地调查征信对象时，信息采集地点对判断被调查对象的真实信用状况非常重要。通常调查时会走访重要的场所，包括调查对象的办公和生产场所，以便更全面了解或核实调查对象的经济实力，验证其他渠道来源的信用信息。

3. 调查对象：只有选择最合适的调查对象，才可以采集到有用的信用信息，提高工作效率。在调查预约时，调查员要根据所需调查或核实的内容，有针对性地选择被访谈对象。

4. 调查内容：在调查工作准备期间，调查员应该准备好调查所需的"现场调查信用信息采集单"和调查问题清单，以避免造成调查内容浮浅和调查项目的遗漏。

在现场实地调查中，虽然有采集单，但为了方便记忆，调查人员还需注重"5W1H调查事项"，即

What：被调查企业属于什么行业？是否从事与营业执照规定相符合的业务？

Where：办公场所或生产场地在什么地方？是否有物业的产权？是否有研发中心？

Who：法人是否就是经营者？法人与经营者之间有什么关系？是否是家族

企业？企业有什么特殊的背景？

When：被调查企业是什么时间成立的？从事现在的业务多久了？所在行业发展的展望如何？

Why：经营者的专业背景情况，为什么进入这个行业？动机是什么？

How：被调查企业的经营状况，该企业是怎样经营的？经营业绩怎样？员工人数多少？上下游是什么样的企业？与银行等金融机构是怎样往来的？

（二）线下调查的方式

线下调查主要有四种方式。

1. 电话调查

电话调查是指征信调查人员通过电话向被调查企业进行问询，了解企业情况的一种调查方法。由于彼此不直接接触，而是借助于电话这一中介工具进行，因而是一种间接的调查方法。对于客户基本概况和一些可以公开的信息，电话调查是最便捷、成本最低的方法。通过直接给客户打电话，可以核实企业的注册信息、经营者信息、大致的销售和采购情况等信息。通过给企业的供应商打电话，可以核实客户对供应商的付款情况。

2. 现场调查

对于一些比较重要或难以通过二手资料了解的信息，需要采用实地调查的方法。书面资料的调查通常无法显现企业全部的营运状况，征信人员可以通过实地现场调查，一方面验证企业提供的书面资料是否正确，另一方面可掌握非书面资料所能显现的重要信用资讯。通过到客户所在地进行调查，可以核实以下内容：

（1）经营管理能力、领导者行事风格以及将来的发展方向。

（2）办公环境、地理位置、外围设施、内部整洁及办公条件以及厂区规划。

（3）设备状况、经营是否活跃、生产秩序和效率、仓库产品是否积压、企业业务是否繁忙等。

（4）员工知识水平、工作士气、市场意识、宣传资料真实程度等情况。

由于不同期间企业营业场所或工厂的作业状况不同，因此实地调查应事先做好规划，选择最适当的时机进行，才能获得正确信息。

3. 利用政府职能部门公开信息以及合作机构信息

有些政府部门会公开一些企业的信息，可充分利用这些免费的公务信息开放政策和渠道核实信用信息。

一是利用政府管理部门及相关社会团体协会组织的网站（或其他方式）进行征信信息调查与核实，主要有市场监管、税务、质量检验检疫、统计、海关、卫生、环保、劳动保障、司法、银行、行业主管部门、房管部门等部门机构。这些部门掌握的企业信息有两个层面，第一是基本信息和不良记录，这些信息是免费公开的；第二是企业的经营数据和信息，通常是有偿和授权查询。比如，从市场监管局可获得的信息有企业工商注册信息、股东信息、股权投资信息、年检信息等。

二是与相关服务机构合作进行信息收集与核实，主要有金融机构、信用管理服务机构、担保机构，以及信息咨询等各类中介服务机构等。

4. 委托第三方进行调查

征信机构出于人员、成本、时间等的制约因素考虑，也会采用委托第三方的方式来进行线下调查，如对于经营地在外地的企业，可以委托当地的专业征信机构、律师事务所对其进行调查。这种方法能在短期内完成企业线下调查，但费用支出较大。同时调查人员的素质和能力对调查结果影响很大，所以受委托的征信调查机构业务能力也是影响调查结果的因素之一。

二、大型征信数据库征信

商业信用征信业务通常包括现代征信方法和传统征信方法两种征信作业方法。除上述传统征信方法，现代征信作业方法是指借助大型征信数据库建立起海量数据的联合征信平台，采取主动征信的方法操作。

为了提高工作效率，一些商业信用征信机构采用大型征信数据库的工作方式作业，它们大范围地采集一国范围内所有具有潜力的企业的信用信息，为每个企业都建立了信用档案，并高频率地更新数十上百条经济活跃企业的信用信息。依靠大型征信数据库进行征信作业，所采用的操作方式是主动采集企业信用信息。

在商业环境下，企业数据涉及面广而且庞杂。因此，在庞大的数据中找出真正能够利用、帮助预测未来趋势的信号才是关键。这需要在获得各种不同来源的数据后，针对不同客户的需求，对其进行建模与分析，才能得出有意义的洞察分析，并最终运用到商业决策中。基于这些有价值的信息而挖掘出的洞察分析，方能设计出有竞争力的产品。

关于企业信用信息的采集范围，在大型企业征信数据库中，不仅存储着所有当前合法登记的企业信用档案，应该还存储着近年来停业、注销和被吊销营业执照的企业的信用信息。对于特大型的商业信用征信机构，它们是跨国作业的国际征信机构，甚至有可能在全球范围采集各国企业的信用信息，主动为全球数以千万计的责任有限类企业建立信用档案。

本章小结

在业务层面，传统意义上的商业信用征信业务一般指商业信用征信机构向各类授信人提供的专业的"资信调查"或"信用调查"服务，其核心产品是资信调查报告，主要应用领域是赊销企业。

在产品层面，商业信用征信报告是全面记录工商企业各类经济活动，反映企业信用状况的文书，是根据采集的信用信息，经验证、整理、分析后形成的客观反映被征信企业信用状况的信息集合报告，供使用人作为判断被征信企业信用状况的参考，是企业征信系统的基础产品。

在服务层面，商业信用征信服务是征信市场上的一种基础性服务，也是一种商业化的有偿服务。在形式上，商业信用征信服务是受委托的资信调查。在服务的深度方面，具体体现在所形成的不同种类的征信报告上，调查可以是普通、深层次和专项的。

在方法层面，商业信用征信业务通常包括现代征信方法和传统征信方法两种征信作业方法。除线下传统征信方法，现代征信作业方法是指借助大型征信数据库建立起海量数据的联合征信平台，采取主动征信的方法操作。

在原则层面，征信机构在生成信用报告时，务必要贯彻客观性、全面性、隐私和商业秘密保护的科学原则。信用报告是征信机构最基本的终端产品，随着征信技术的不断发展，征信机构在信用报告的基础上衍生出越来越多的征信增值产品，不论形式如何变化，这些基本原则是始终不变的。

本章要点

- 商业信用征信的业务范围
- 商业信用征信的业务流程
- 商业信用征信报告的内容
- 企业线下调查的方式
- 大型征信数据库征信的内涵

本章关键术语

征信业务　征信业务流程　征信报告　征信数据库

本章思考题

1. 试述商业信用征信业务的流程。
2. 试述商业信用征信业务的产品。
3. 简述商业信用征信业务的业务操作。

第五章　商业信用征信数据管理

第一节　商业信用征信数据来源

一、公共信用信息数据源

　　商业信用征信数据由商业信用信息转换而来，商业信用信息只有经过数据处理、被存储到商业信用征信数据库中才是商业信用征信数据。商业信用信息只有转化成征信数据之后，才能达到商品化要求和用于制作商业信用征信报告。征信机构可以从包括国家级信息数据库、政府机构、地方政府等在内的公共信息渠道获得被征信对象的公共信息，这些提供公共信息的机构是商业信用征信的公共信用信息数据源。

　　（一）国家公共系统信息源

　　代表性如中国人民银行征信中心（金融信用信息基础数据库）、国家公共信用信息中心等。

　　以国家公共信用信息中心为例，其职责包括：负责公共信用信息归集共享公开和跨地区跨部门守信联合激励与失信联合惩戒信息共享工作；推动公共信用信息依法向社会机构开放，为有关部门和社会提供信用信息服务；制定公共信用信息归集、共享、公开与服务标准规范，指导各地区、各部门信用信息共享平台与归集系统建设和应用服务；开展社会信用体系建设重大问题研究，承办社会信用体系建设部际联席会议和发展改革委交办的其他事项。

　　（二）政府职能部门信息源

　　公共信用信息的主要来源方多为政府机构，政府掌握的信用信息是公务信息的一部分，产生于政府执行公务或对企业实施监管的工作过程。根据商业信用征信机构经验，可以从多个具体的政府职能部门获取商业信用信息，如市场监管局、税务局、人民银行、海关总署、统计局、法院、国资委、商务部和邮政局等，各部门对应的商业信用信息项如表5-1所示。

表5-1　　　　　　　政府职能部门对应的商业信用信息项

序号	职能部门	可获取的信用信息条目
1	市场监管局	公司名称
2	质监局	法人代码
3	市场监管局	公司注册登记信息
4	市场监管局、商务部、国资委	公司性质
5	邮政局、电信局、国资委	公司确切办公地址
6	市场监管局、商务部、国资委	公司股东情况
7	市场监管局、国资委	有无分公司、外地办事处
8	市场监管局、国资委、公安局	主要负责人
9	市场监管局、统计局、国资委	营业范围
10	市场监管局	企业发展史
11	劳动局、人才交流中心	员工数
12	国家税务局、地方税务局	税务登记
13	国家税务局、地方税务局、国资委	营业额度
14	质监局	伪劣产品查处
15	质监局	产品生产许可证、条形码
16	海关	进出口情况
17	发展改革委、财政局	发展计划
18	法院	经济纠纷
19	市场监管局、国家税务局、地方税务局、统计局、财政局、国资委等	财务报表
20	中国人民银行、商业银行	贷款情况
21	中国人民银行、市场监管局	基本户开户银行
22	中国人民银行、商业银行	主要来往银行
23	房管局、公安局	办公用房和车辆
24	市场监管局、公安局	董事个人资料
25	房屋管理局、公安局车辆管理	公司固定资产

市场监管局是具备监管功能的职能部门，每个企业都须在市场监管局登记和参加年检，其具有的监管功能还包括公平贸易、商标注册、知识产权、合同管理等。因此，市场监管局掌握着大量的企业基本信息、企业财务信息和行政处罚信息。目前，市场监管局掌握的信用信息是有条件开放，其中的企业登记注册的信息基本全部对外开放。

统计局定期形成的各种统计报表和经济普查报告中包括企业的财务报表。其掌握的企业信用信息虽然不完整，但包括部分宏观和中观层面的信用信息，对于掌握企业和行业的发展现状是较好的信息来源。目前，其掌握的信用信息还没有完全对外开放，无法从该信用信息源中获得单个企业的信用信息。此外，对于商业信用征信机构，来自统计局的商业信用信息还存在一定的质量问题。

海关掌握企业从事进出关活动的相关信息，海关的统计部门和信息中心会定期形成报关单和各种进出口统计报表，主要内容包括进出口的产品名称、货品数量、产地、发货地、到达地、交易对象、交易时间等。此外，海关还会形成季度和年度进出口统计和分析报告。

人民银行已经建立了公共的企业征信系统。目前，企业征信系统能够提供的信息包括企业的基本信息，在金融机构的借款、担保等信贷信息以及企业主要财务指标，商业银行等金融机构经企业授权同意后，在审核信贷业务申请以及对已发放信贷进行贷后风险管理的情况下，可提供企业资信调查报告。

国有资产监督管理委员会拥有国有企业的资产、隶属、经理人员、并购、政策等信息。外汇管理局掌握所管辖有外贸经营权企业从事外汇交易活动的外汇交易额、进出口货物情况、结汇情况、应收账款情况等。房屋管理局主管房地产登记管理工作，确认房屋权属，办理房屋所有权登记和初始登记、转移、变更、注销及设定他项权登记。公安局车辆管理所掌管所管辖区域内所有机动车所有权登记信息。此外，政府部门还会定期公布如破产、抵押品置留权、动产抵押申请、民事诉讼、经济仲裁等公共记录。

在部分发达国家，政府或半官方的商业组织会为本国企业提供有用的信用信息以及商业机会信息，如美国商务部和日本的贸易振兴会等。对于商业信用征信机构，政府信息源中的各类信息混杂一起，需要从中甄选有用的信用信息。由于政府监管部门大多是被动采集企业上报的信息，无法对信息进行详细核查，这使得从这些部门获取的信用信息的真实性受到一定影响。

（三）地方政府信息源

来自地方政府的信用信息源也十分重要。目前，在部分信用体系建设先行省市，负责信用体系建设的政府部门及其信息中心已经整合了较多政府部门的信息。在信用信息开放方面，通常有地方法规作为开放的依据。商业信用征信机构应对地方的信用体系建设进展情况予以关注，随时开发新的地方性信用信息源。

尽管政府已酝酿出台公务信息开放方面的法规，但在采集政府掌握的商业信用信息时仍要注意政府公务信息的采集限制，不能通过不正规的关系和渠道违法采集政府公务信息。有些政府掌握的信用信息是开放的，但却并非免费。也有政府部门开始将掌握的商业信用信息进行处理和加工，以符合地方标准，并开始有部分数据具备商业信用征信数据的格式，如海关统计数据等。

公共信用信息数据源的渠道和成本都相对固定，但由于其采集信息的周期长、更新速度慢，因而信息时效性较差。另外，由于公共信用信息源所拥有的是企业上报的信息和违规企业查处的信息，有相当部分的信息无法对其进行核查，因而信息的可靠性在使用时应着重注意。

二、民用信用信息数据源

民用非商业信用信息数据源指公共（政府）信用信息之外的信用信息，也可被称为"民间信用信息"，并特指非商业化的企业信用信息。民用非商业信用信息主要来源于商业银行、行业组织、公用事业单位、企业的供应商、各类房东、租赁公司和新闻媒体等，这些信用信息的拥有者不是专业的数据供应商，因而提供的信息较为庞杂。但经企业征信机构的筛选和处理后，有些信用信息能够转化成为企业征信数据。

商业银行拥有大量的商业信用信息，如企业的开户信息、贷款、担保和还款记录等信息，以及资金流入、流出及去向等方面的信息。商业银行一直是最重要的民间信用信息来源，对于没有公共征信系统的国家更是如此。

在许多国家，商业银行都会向商业信用征信机构提供信用信息，其不仅正常地提供商业信用信息，而且不一定收取费用。在我国，商业银行一般不向征信机构提供任何信用信息，但有时会接受个别简单的查询。由于中国人民银行建立了企业征信系统，产生于商业银行的商业信用信息都被汇集到企业征信系统中。因此，中国人民银行的企业征信数据库成为拥有完整商业银行征信数据的专业数据库，形成了一个潜在的金融类的企业征信数据源。

在提供服务过程中，公用事业单位产生了大量的用户付费信息，这对于了解和评价其用户的信用行为和财务能力十分有价值。这些公用事业单位主要包括电力公司、自来水公司、电信公司、燃气公司、供暖公司、网络服务运营商等。若企业长期拖欠公用事业单位费用，商业信用征信机构将视其欠费额度大小，给予欠费企业不良信用记录。另外，公用事业用户的付费方式也对了解用户的财务状况和信用行为有所帮助。但随着越来越多的公用事业单位推行 IC 卡付费方式，许多公用事业单位作为征信数据源的作用逐渐弱化。工业和信息化部与中国人民银行联合出台《关于商业银行与电信企业共享企业和个人信用信息有关问题的指导意见》，就是以政府部门规章为保障，将一些非官方的电信类信用信息归集到中国人民银行的公共征信系统中。

各行业协会都积累有各自行业情况的信息，如行业主流机构、行业发展和从业人员变化等信息。这些信息可以反映行业当前的实际情况和行业发展趋势。行业协会掌握的信息有可能是与业内机构共享，面向会员企业服务。很多行业协会都负责编纂本行业年鉴，它们有采集年鉴所需信息的渠道，这些信息渠道对企业征信机构具有价值。

在报纸、杂志、广播、电视、网络等媒体上，有大量的信用信息，从中可以筛选出有用的信息。目前，互联网已经成为重要的"信息集散地"，从各类网站获取所需的信用信息成为商业信用征信机构重要的信息渠道。政府部门的网站是该部门的权威信息发布平台，相关行业政策、法规和行业总体运行情况都会在部门网站中得到及时反映。大量网站对行业和企业的经济活动给予动态报道。关于上市公司的信息，也可以从互联网获取，包括股票价格、股东情况、财务报表、各类公告、企业重大变更等信息。各类发行量大的财经、金融、企业管理类的报刊对市场经济活动的反应快速；电视和广播也对市场情况和政策变化反应迅速，它们都是企业征信机构的重要信息来源。另外，从公共媒体获取的商业信用信息，虽然准确性不足，但相比企业网站上的信息更加客观。但从新闻媒体渠道采集信用信息需要长期积累，也需要特殊加工处理，处理这种信用信息的成本较高。另外，从公共媒介得到的企业信息是带有一定主观性的信息。

企业在其网站上提供的一些描述性信息，通常只有正面信息，是不完整的信息。企业在公共媒介上发布的企业介绍信息主要用于介绍其优势，有一定的参考价值，但须经过核实。

来自不同信息来源的原始信用信息有可能存在不完整、有偏见、有误导、不够及时等问题。在外部信用信息源中，从公众媒体上筛选出的信用信息成本较低，也比较及时。但公众媒体提供的信息是不完整的，而且会存在主观偏见。采集行业协会信息的成本相对较低，信息的可靠性也较高。但行业协会信息多是关于行业的整体状况的偏宏观信息，具体到企业的微观信息则较少。

三、商业信用信息数据源

商业信用信息是非官方信用信息的一部分，通常以征信数据的形式存在，是可以付费获得的数据。在发达国家，有较多数据供应商，商业信用征信机构可以从数据供应商处采购征信数据。由于数据供应商提供的是收费数据，商业信用征信机构在采购时可以对数据的质量、格式和提供方式提出要求。换言之，由于数据供应商是销售数据产品的专业机构，它们有能力提供符合企业征信机构要求的征信数据，而且数据的质量很高。

除数据供应商外，商业信用征信机构还可以从其他的征信机构购买商业信用征信数据。部分拥有大型征信数据库的商业信用征信机构也提供不同加工深度的商业信用征信数据，如企业基本信息等。另外，市场上还存在一些 OEM（"代工"）形式的报告加工机构，它们拥有某些地区的商业信用信息优势，生产当地企业的资信调查报告，但并不使用报告制作单位的品牌，而是允许在编制好的报告上打印或标注上其他商业信用征信机构的名称。

在必要时，商业信用征信机构还可以委托其他类型的机构帮助调查，取得一些特殊类别或特别准确的商业信用信息。例如，委托律师事务所进行调查，通过律师取证得到被调查对象的账本或特殊信息。此外，可以委托会计师事务所进行调查。通常情况下，商业信用征信机构不使用律师事务所或会计师事务所提供的专案调查服务，尽管这种调查所取得信息的可靠性高，但费用也极高。另外，这种调查的影响性较广，容易被调查的目标企业所察觉，可能伤害到商业信用征信机构与委托人的关系。

在市场上采购商业信用征信数据，要通过一个设定的工作程序。商业信用征信数据的供应商要经过筛选，一个好的商业信用征信数据供应商应该具备下列特征：

（1）是合法的征信数据供应商，提供的征信数据也是合法的。

（2）提供的征信数据质量好，特别要剔除那些提供假数据（特别是假财务报表）的数据供应商。

（3）征信数据的供应稳定，更新频率高。

（4）征信数据的广度和深度达到要求。

（5）征信数据的服务方式和数据格式符合买方的要求。

（6）征信数据的价格合理。

（7）大型的数据供应商还可以提供海外采购服务，代理销售外国企业的征信数据。

（8）个别数据供应商可以进行数据交换，可以节约买方的采购成本。

第二节 商业信用征信数据处理方法

一、数据采集方法

（一）公开数据采集方式

商业信用征信机构指派专人负责开拓信用信息源或征信数据源。在确认信用信息源或征信数据源时，根据信用信息或征信数据的不同类别进行开发。商业信用征信机构在采集公共信用信息时，主要存在如下常见方式：

第一，正面与政府部门沟通，提供资质，提出申请，建立日常收费或免费查询关系。

第二，与地方政府相关部门建立正常的采集关系。

第三，在信用体系功能健全的城市，与当地信用体系建设领导小组建立联系，从其联合征信平台处采集信息。

第四，从各级政府信息中心或下属事业单位采集信用信息，可建立半商业化的信用信息采集关系。

第五，与跨区域的政府信息整合工程建立合作关系，或参与其中。

第六，与个别政府部门负责运行的公共征信系统或信息工程建立数据交换关系。

从公用事业单位采集信息，主要方式有二：一是从公用事业单位或通信公司采购数据，至少要采集到欠费用户的负面信息；二是承接公用事业单位或通信公司的信用风险控制任务，帮助其建立信用风险防范机制，包括欠费催收工作等。

确定商业化征信数据的供应商较为容易。对于征信数据供应商，商业信用征信机构主要对其进行筛选、排队和规范。对征信数据供应商的筛选和排队建立在对数据供应商评价基础上，评价供应商优劣的指标包括合法性、类型、覆盖、质量、更新频率、效率、成本、稳定性和服务态度等。

（二）电话调查采集方式

电话调查是商业信用征信机构经常使用的调查方法，也是低成本的调查方法。通常地，商业信用征信机构使用电话调查的作用有二：一是采集信用信息；二是核实信用信息。在传统作业方式的商业信用征信机构中，电话调查员主要的工作是采集信用信息，根据委托人的需求进行个案调查。但在拥有大型征信数据库的商业信用征信机构，电话调查员的主要工作是核实征信数据。

在拥有大型征信数据库的征信机构，若向用户提供征信数据产品或数据库服务，需要有较高质量的企业基本信息。因此，此类商业信用征信机构需要相当数量的电话调查员同时工作。

商业信用征信机构对电话调查员的培训较为严格，培训内容包括相关法律法规、通话用语、掌握主动、应对拒绝、控制时间、认真记录等。如借助专业软件进行管理，则需要实现一系列业务和管理功能，主要体现在提示、录音和监控等功能上。对于商业信用征信机构，最重要的是电话调查不得使用非法的语言。由于被调查一方是否提供信用信息完全出于自愿，因此商业信用征信机构要严格规范电话调查员的业务操作，防止电话调查员在通话时冒充具有监管职能的政府部门，避免产生纠纷和受到处罚。

综上所述，电话调查方式既有优点也有局限性，商业信用征信机构应该合理使用电话调查方法。

（三）交换共享采集方式

商业信用征信机构获取信用信息的重要方式之一是交换信息，这需要建立起行之有效的信息资源共享机制。通常地，交换信息的对象包括相关政府部门、行业协会、用户群、供应商、其他征信机构等。通过信息资源共享的方式，商业信用征信机构有可能获得意想不到的信息收集成果，交换到以正常方式无法取得的信用信息。通过与用户群交换数据，商业信用征信机构还可以取得一些企业的失信记录，以及取得部分企业付款行为的数据。

使用信息交换方式对商业信用征信机构有如下有益之处：

（1）通过交换，得到自己需要的信用信息。

（2）不是采购行为，没有资金付出，经济成本低。

（3）与交换对象建立良好的合作或公共关系。

（4）社会意义突出，如促进了失信记录的传播，有助于加大失信惩戒机制的实施等。

鉴于上述优点，商业信用征信机构应考虑多采用信息交换方式获取所需要的信息。

（四）电商数据采集方式（大数据方式）

伴随电子商务业态的快速发展，来自电商交易的数据越发多样和重要，以此为基础兴起的大数据征信方式成为商业信用信息化发展的主要动力。电商平台利用自身积累的海量商业交易信息、支付结算信息，构建商业信用信息库，再将商业信用信息应用于小微信贷、生活租赁、社交、公共服务等。其中，以阿里巴巴旗下的芝麻信用最为典型，阿里巴巴利用其电商平台早期的支付宝等产品，积累客户在电商平台的交易信息和支付信息，构建信用信息库。以电商平台和商业征信数据为支撑，将业务拓展到金融领域。阿里巴巴对客户信用信息进行采集、整理、加工和保存，并对信用信息进行分析和评估，为小贷公司等其他用户提供信用产品和服务，促进了商业信用信息化的发展。除阿里巴巴外，其他电子商务公司也涉足互联网征信，根据自己业务积累的商务交易和支付信息建立信用信息数据库，与银行合作为合作企业提供基于交易数据的业务服务。

二、数据采集原则

在采集信用信息时，应遵循以下基本原则：

1. 合法合规

采集信用信息采用合法正当方式采集数据，通过不正当途径获得的数据不能采用，涉及和关乎个人隐私的信息、企业商业秘密的，被采集方要充分的知情、同意，并且授权。

2. 客观真实

采集信用信息应坚持客观、真实地反映企业信用状况，杜绝由于信用信息采集人员的主观臆断、个人好恶或其他目的的故意隐瞒等造成评估决策错误的行为。

3. 多渠道验证

在采集信用信息时，应通过多种渠道和方法采集信用信息，使信用信息能够相互验证。如果信用信息来源渠道单一或信息资料短缺造成无法相互验证，信用信息的质量就无法保证，出现误差的可能性会增大。因此，一般要求通过三个以上的渠道或方法采集客户信用信息。

4. 低成本高效率

采集信用信息必须考虑获取信息的成本。细致的调查虽然能够保证信息采集更加全面和调查内容更准确，但也会使得采集费用增加，以致影响到企业的整体效益。在采集信用信息时，应注重降低采集成本，以合适的成本采集到能够满足企业信用评估和决策要求的信息。

5. 时效性

为保证征信数据库的更新频率，征信机构要定期更新征信数据，因此采集信用信息要及时进行。征信机构要根据拥有信用信息源的多寡，安排适量人员维护信用信息源，及时将所需信用信息采集完成。

三、数据检验方式

（一）有效信息筛选

在商业信用征信机构的信息处理过程中，筛选出合适的信用信息是首道工序，或称为数据筛选或信息过滤。顾名思义，筛选就是将有用的信用信息从采集或汇集来的各类企业信息、产品信息或政府政务信息中挑选出来，包括从信用信息采集单中挑选出合格的信用信息。

在商业信用信息筛选时，数据处理人员要从大量的信息中过滤出所需要的信用信息，需要具有丰富的工作经验。按照深度或层次的要求，处理人员会将有用的信用信息筛选出来，形成三类信息：一是汇集的信用信息，二是新的信用信息，三是合格信息。

商业信用信息筛选处理人员须熟知商业信用征信数据库的全部数据项和生产报告可能需要的信息，排除其他无用信息。筛选出的新的信用信息将被用于征信数据库的数据更新。对于商业信用征信机构，提高数据更新频率非常重要。信用信息的新与旧，只有通过比较才能分辨。征信数据库的数据项既要有时间标识，也需要处理人员的经验。

筛选出的合格信息的评价指标较多，主要是筛选出真实的和精度符合要求的信用信息。多数情况下，完整性指标也非常重要，包括起点和终点都具备的成套信用信息。筛选合格信息的工序十分重要，若采集的信用信息是残缺、低精度、有遗漏、不匹配的，必定会影响到征信报告产品质量，还将影响量化指标的制作和对信用风险预测的精度。另外，如果能够尽可能多地从大量的信用信息中过滤出合格信息，对于降低信用信息的采集成本也十分有意义。

在采集到的信用信息中有些不是量化的信息，处理人员需要将信用信息分为纯文字定性描述信息和以数字形式出现的量化信息。非量化的信用信息也十分有用，如企业的办公用品质量、是否准时上下班等描述或评价性质的信息是非量化的纯文字描述信息。若有必要，这种信息是可以被量化的，虽然不一定能够形成连续性的变量数据形式。

（二）数据"清洗"处理

信用信息的清洗处理主要是针对各类结构化和非结构化信用大数据资源进

行处理和融合，并按照统一的标准对信用大数据进行串联、融合与汇集，形成完整的主体信用信息大数据。

通过大数据方式采集的信用信息，多是碎片化、零散化、不完整的数据，为提升数据分析挖掘模式的质量，降低实际分析耗时，需对采集的信用信息进行智能化预处理，通过数据清洗、数据转换、数据比对、数据关联、数据装载等处理技术，将各类离散化、非结构化的信用信息进行归类整理，形成覆盖多行业的指标体系、结构化数据的特征模型，为信用分析和挖掘提供基础。

（三）数据录入与纠错

在商业信用征信机构的数据处理过程中，信息录入是最基本的工作环节。所谓信息录入，是工作人员将被筛选出来的商业信用信息录入计算机，使载在不同媒介上的信用信息统一形成电子信息，包括录入所有数据项下的信用信息，既有量化信息，也有文字信息。在商业信用征信数据库的建设和维护的过程中，这项工作十分重要，要求工作人员完整、准确、及时地将已经被筛选出来的信用信息转化为电子版的信息。在部分企业征信机构，信息录入环节还包括对被录入的电子化数据进行简单整理，完成对录入信息的校对和格式规范，跳过数据的批处理程序，直接录入征信数据库等。

在录入信用信息时，商业信用信息通常被分为常规信息和财务信息。常规信息是除财务信息之外的所有信息，可能是量化的信息也可能是文字信息。将财务信息单独分类出来，体现了商业信用征信机构对财务信息的重视，也表明财务信息评价的复杂性。财务信息基本是量化信息，录入企业财务信息的主要操作是将资产负债表、利润表和现金流量表上的信息转化为征信数据，再输入征信数据库。为核对和分析工作需要，财务信息还会包括一些比率，但比率都是根据报表上的数据生成的间接数据。

在数据形式上，被录入的常规信息还可分为量化信息和文字信息。在非财务数据中，有一部分信息是文字描述类信息，定性描述被调查对象的信用行为。鉴于各类商业信用征信报告都包含文字描述或解释类信息，因此这类信息仍然是以文字信息的格式录入征信数据库。

在输入方式的操作上，可以分为人工录入和自动导入两种形式。在商业信用征信机构，若信用信息是按照采集单的要求采集而来，且是电子版本数据，就可以用自动导入的方式将数据直接输入。其他来源的商业信用信息，在筛选和分拣后，可能仅能采取人工方式录入，或经过人工整理之后，再自动导入。

（四）数据的逻辑性判断

商业信用征信数据间多会表现出一定的逻辑关系。数据录入时通常会自动检查该逻辑关系是否成立，以企业财务数据为例，财务数据逻辑关系十分明晰。若某些财务数据被发现是逻辑反常，这项数据就有可能是虚假数据。

当企业财务报表上的各项数据录入后，系统会自动按照符合会计制度要求的逻辑关系对数据进行核算，一旦校验发现逻辑不合理之处，会提示操作人员核对。

对于财务数据是否虚假的判断，仅从数据处理角度没有成熟的纠偏技术。尽管没有成熟的财务报表查假技术，但有些方法是值得一试的，如经验法和不同参照系比较法，以及不同会计制度对照法等。数据供应商和各类征信机构都在成套数据的分析方法上进行投入，寻找更好的数据处理方法。若单一商业信用征信机构的数据规模不够，可考虑与其他商业信用征信机构或授信机构联合，实现数据共享。

（五）数据的人工核查

很多商业信用征信数据都需要人工核查，甚至成为保证某些商业信用征信数据项真实可靠的主要手段。因此，商业信用征信机构会雇用大批的电话调查员，对部分商业信用征信数据进行连续性人工核查。

人工核查数据的方法通常包括实地核实和电话核实。实地核实是派遣调查现场核实，人工核查工作又分为直接核实被调查对象和从"知情人"处核查两种情况。直接核实是指调查员直接下到目标企业，从当事人处取得资料，证实征信数据的真实性，或否定征信数据的真实性。"知情人"是指任何掌握被调查对象信用信息的信息源单位，但被调查的目标企业除外。因此，人工核查征信数据的工作分别由现场调查员、电话调查员和数据采购人员负责（见图5-1）。

图 5 - 1　商业信用征信数据检验方式

四、财务数据的单独处理

财务数据作为企业信用信息的量化数据，全面记录和反映了企业的经营、盈利和风险情况，对评价企业的信用情况尤为重要，很大程度上是评判企业信用状况的关键性指标，因此需要对财务数据高度重视和单独处理，主要包括如下方面：

1. 全面审视财务报告

企业财务报告由企业的财务部门编制，主要包括资产负债表、利润表和现金流量表。在企业的财务报告中，还包括各种附表和附注说明，企业的财务报表间存在逻辑关系。企业编制财务报表的目的在于通过反映企业经营活动的过程和结果，来判断企业价值，不同的报表则是从不同角度、用不同方式对企业价值进行描述。

资产负债表是通过反映企业在时点上的财务状况以显示企业价值的一种会计报表。资产反映了企业所拥有的资源，负债和所有者权益反映债权人和所有者各自对其资源的要求权。资产负债表中所体现的价值是企业的历史价值而不是现实价值，是获取价值而不是经济价值，这种价值无法满足与企业相关的各利益主体的决策需要。由此，需要使用其他报表对企业价值描述进行补充。

利润表是通过反映企业一定时期盈利状况以显示企业价值的会计报表。企业价值大小除可用企业资产价值之和表示外，还可用企业盈利的资本化或未来现金流量的折现值来表示。这种方式表示的价值是企业的经济价值，对投资者极为重要，对债权人也十分有用。

现金流量表是反映企业现金流入和流出情况的报表。企业经营成功与否的标志之一是其现金流入量，企业现金流入量的大小与企业风险高低密切相关，企业现金流入量与企业风险共同决定了企业价值。因此，现金流量本身就是揭示企业价值的最重要的指标。企业现金流量的变化对应企业的经营活动，体现为资产负债表不同项目的变化。现金流量表的本质是以现金为标准反映企业的价值，以现金流量的变化反映企业价值的变化。

会计报表分析与解释的重点在于"比较"，有比较才能有鉴别。会计报表分析比较可以分为三类：同一时期项目与项目的比较；不同期间同一科目、同一类或同一比率的比较；同一期间与某一标准或某一水平的比较。

2. 评估财务数据的可靠性

在采集信用信息过程中，商业信用征信机构获得的企业财务报表通常有两种，一种是尚未经过审计的企业财务报表，另一种则是经过审计的企业财务报表。

尚未经过审计的企业财务报表是由被调查企业的财务人员编制，且尚未接受会计师或审计事务所审计。由于财务报表还未经过审计，其真实程度较低、可信度较差，仅作为参考使用。

被调查企业的财务报表是否经过审计，很大程度上决定了企业财务数据的真实可靠程度，也决定了商业信用征信报告质量。因此，商业信用征信机构的信息采集人员应尽可能获取经过审计的目标企业财务报表。经过审计的企业财务报表的真实可靠程度高低，也能从侧面反映被调查企业所在国家或地区的市场秩序好坏。

如商业信用征信机构在征信报告中附上的是经过审计的财务报表，预测所使用的财务数据也取自经过审计的财务报表，即使发生了因财务数据虚假而使信用风险预测不准，责任也不在商业信用征信机构。不过，数据处理水平高的商业信用征信机构还会从经过审计的企业财务报表中发现虚假成分，挤出财务报表中的水分。

3. 识别虚假财务信息

企业信用行为的好与坏，是否存在被动失信的可能性，很大程度上取决于企业财务状况。因此，对被调查企业的财务状况进行分析是商业信用征信报告制作过程的重要环节。判断被调查企业的信用价值和预测被调查企业的信用风险，分析的数据基础即是企业的财务数据，主要是被调查企业近三年的财务报表。

对财务报表的虚假成分进行分析，可以通过会计报表间的钩稽关系、注册会计师的审计意见、存货计价、关联交易、资产重组、虚拟资产、往来账户、现金流量、或有事项等。除此之外，还要清楚常见的粉饰会计报表手段，如虚盈实亏或者做大利润，虚亏实盈或做小利润，人为调整成本、费用和利润，高估资产，低估负债等。

根据企业制作假账的意图，其行为可被分为恶意粉饰和善意粉饰两类。恶意粉饰的情况多发生于经营不善或亏损企业，其目的是维持股价上涨、维持与银行的关系、进行地下交易、经营者逃避责任等。企业会计人员因使用对象的不同，对同一时期的账目作出不同版本的记录，特别是在企业要融资或吸引投资时，会在财务报表上夸大利润，显示其经营效果良好和财务结构安全，以骗取对方好感，这种故意瞒骗的行为是最常见的恶意粉饰行为。有时，企业会善意粉饰财务报表。如有季节性变动的企业，其决算日的确定通常由该企业自由选择，企业通常有选择业务较为闲散的时期为决算日的倾向，因为此时期企业的存货较少，且对债款可加以努力收回，因而企业的财务状况较平时更富于流动性，企业利用此时的财务报表向金融机构融资，较有可能得到所需求的资金，此种粉饰并非出于故意，这种行为可被称为善意粉饰。

第三节　商业信用征信数据的存储与维护

一、征信数据的安全存储

征信数据库的安全性问题是每个大型商业信用征信机构都不能回避的严肃问题。对于商业信用征信机构，安全性问题不仅是管理问题，也是法律问题。商业信用征信机构要严肃面对征信数据的安全性问题，将征信数据存储于安全可靠的设施中，且使征信数据处于严格的保密状态。征信数据的存储或使用不当，会引发许多问题，不仅会受到监管处罚，征信主体双方和社会公众也会提出质疑甚至索偿。

针对征信数据存储的安全问题，在开始设计征信数据库时，商业信用征信机构即应坚持如下要求：

1. 符合法律法规要求

法律法规要求保护企业商业秘密，拥有大型商业信用征信数据库的单位要严格遵守，不能出现有意或无意泄露，也不能因管理不善而违法、违规。

2. 符合政府监管部门要求

要遵守政府监管部门要求。如因数据存储不安全，使征信数据出现被篡改，或因设备故障引起错误记录，由此产生的后果将十分严重。另外，在大规模出售或转让征信数据时，要遵守国家安全部门的相关规定。

3. 对被记录者负责

对被记录者负责是商业信用征信机构应该遵守的职业道德。如因商业信用征信机构保管不善引起征信数据失真，并使用质量不高或错误的数据制作内容不实的商业信用征信报告，则后果十分严重。

4. 对信用信息用户负责

商业信用征信机构要对委托调查的用户负责。如商业信用征信机构对征信数据库管理不善，且根据这样的数据制作出商业信用征信报告，将不合格的报告产品销售给用户，是对用户的不负责任。

在数据库的安全保障方面，商业信用征信机构应在三方面充分关注，包括所存储信息的安全、物理设施的安全和配套管理措施。商业信用征信机构应将商业信用征信数据库的安全考虑贯穿于征信数据库的设计、搭建和运营维护全过程。

商业信用征信机构的主要产品是征信报告，使用的"原料"是存储于商业信用征信数据库中的征信数据，大型商业信用征信机构存储有海量的征信数据，要保证报告产品的质量，就必须保证作为原料的征信数据的质量和安全，既要做好数据的技术处理，也要保证处于存储状态的数据不受外力破坏。为保证征信数据存储安全，商业信用征信机构需要聘请专业机构协助搭建网络完全防护机制，并及时更新。

在物理设施安全方面，机房的安全十分重要。有些征信机构将机房设在安保重地范围内，首先，为防止信用档案中有不良记录或"黑名单"企业的人员或机构对征信数据库进行人为冲击和破坏。其次，要禁止不相关的内部人员接触主机或主服务器，特别是防范内部人员出于私利心态，对征信数据库进行破坏。最后，机房的物理结构要安全，并符合保密要求。

针对征信数据库的日常管理，商业信用征信机构还要制定严格的管理措施，受约束的人员包括数据库的操作和维护人员、被记录企业的人员和征信机构的管理者。对数据的出入，商业信用征信机构都要有明确无误的记录，保证内部员工不能随意更改数据，特别要注意数据库的技术负责人和数据库操作人员的违规操作问题。

二、征信数据的存储期限

企业担心征信机构会掌握其商业秘密，有失信记录的企业则希望其失信记录不被公示，因此希望或要求征信机构尽快删除其不良记录。为避免这些因素给商业信用征信机构带来不良影响，除要对征信数据库采取安全措施外，还要根据失信惩治机制的运行原理，遵守对商业信用征信数据的保存期限规定和要求。征信数据在征信数据库中被保存时间的长短，主要是指对征信数据的使用时间长短，也即征信数据传播时间的长短。在保存期限结束后，商业信用征信数据通常被转移存储到其他介质中，不再直接用于制作企业的信用记录。

如商业信用征信机构不能定期清除或转移主机中的过期数据，征信数据库中的数据将无限增长。在主机中长期存储一些利用率极低的数据没有必要，即使不考虑成本，其负面影响也十分明显，这将降低数据库的检索效率，延长检索时间。另外，存储的数据越多，越会增加技术差错的概率。

数据库中存储大量的利用率低的征信数据，会影响检索效率，降低数据库的利用率。因此，商业信用征信机构应该定期清理征信数据库中的数据，且首要的是利用率低的数据，以及保存期限过长的"过期数据"。如商业信用征信机构有严密的安全措施，也可将这些过期的征信数据从主机上转移，另行保存。但多长时间以上的商业信用征信数据是过期数据，并没有法律或国家标准方面的要求，商业信用征信机构可以根据市场需求、行业惯例、自身的需求等因素，制定相关的管理规定。通常地，需要被清理和转移的过期数据主要包括：

1. 在政府市场监管局登记的名单上消失（一般指正常注销）5 年及以上的企业的记录。

2. 近 5 年完全没有被查询过的企业记录，或查询频率低于征信机构规定次数的企业记录。

3. 根据法律法规要求，必须删除的"黑名单"企业负面记录。

三、征信数据的更新维护

在征信数据各项性能指标中，数据更新频率是十分重要的。在评估商业信用征信数据库的价值时，这项指标更为突出。通常地，商业信用征信数据的更新频率是指对成套数据的更新速度，该指标还包括对成套数据更新的百分比或数据库中全部数据更新的百分比。

从外部影响来看，商业信用征信数据的更新频率与征信数据源的质量及其供应稳定性直接相关。从商业信用征信机构内部管理来看，商业信用征信数据的更新频率还与机构采集信息的政策和方式有关。在我国，该指标还能检验商业信用征信机构与掌握信用信息的相关数据源的关系，以及判断商业信用征信机构是否是主流的商业信用征信机构。

对于数据来源稳定的商业信用征信机构，可采取不同的商业信用征信数据库更新模式，主要包括：实时更新模式、定期更新模式和不同频率更新模式。如采用实时更新模式，从信息采集到数据维护全过程，各环节的成本会高一些，也要配以更严格的数据库管理措施。采取不同类数据以不同的频率更新工作方式，主要是根据普通版商业信用征信报告的模板要求，对用于不同栏目的数据以不同频率进行更新，依据的是不同商业信用征信数据的不同变化规律。数据库定期更新是商业信用征信机构经常采用的模式，如每两周更新一次。许多商业信用征信机构采取定期更新数据库模式，是由于该模式对应的工作方式成本较低，也不易出现重复录入错误，这是商业信用征信机构着眼成本控制、提高效率、管理制度、销售宣传等若干个方面综合考虑的选择。

商业信用征信机构采用何种数据库更新模式，除要考虑成本和效率等因素外，还要考虑同业其他机构的数据库更新模式，一般要采取不低于同业的征信数据更新频率。另外，商业信用征信机构对征信数据的更新频率基本不低于三个月一次。

由于不同数据项中的数据应用于不同的报告栏目，且不同数据的更新规律不同，因此无法保障每项数据都以同样的频率更新，低频率的定期更新除外。例如，企业基本信息要尽快更新，更新频率会快一些，甚至采取随到随改的实时更新工作方式。对于企业历史和主要经营者履历类的数据，则更新频率会慢一些。值得注意的是，对一些数据项的更新是有约束条件的。

对征信数据进行更新，在报告模板和数据项不变的情况下，以新数据覆盖旧数据就自然地淘汰了部分不需要的旧数据。但被淘汰的数据并不是简单被覆盖，确切地说应是数据的转移，被另外存储起来。商业信用征信机构应长期保存部分旧数据，旧数据虽然不能直接用于报告生产，对于形成用于预测数学模型的变量却有价值。

本章小结

征信数据是制作征信报告的基础，商业信用征信数据是由商业信用信息转换而来的，商业信用信息只有经过数据处理后、被存储到商业信用征信数据库中的数据才是商业信用征信数据。商业信用信息只有转化成征信数据之后，才能达到商品化要求，才能用于生产商业信用征信报告。

商业信用征信的数据来源包括政府各部门掌握的信用信息、民用非商业信用信息、商业化的商业信用征信数据，信用信息和征信数据可以通过采购等多种方式获得。

商业信用征信数据的采集方法包括公开数据采集、电话调查采集和共享等方式，而随着电子商务业态的发展，大数据征信方式逐步成为商业信用信息化发展的主要动力。

在对数据进行检验时，商业信用征信数据的检验环节包括信用信息筛选，信用信息清洗处理、录入和纠错，判断逻辑合理性，人工审核等。

对于商业信用征信机构，信息的存储和维护至关重要，信息的安全不仅是管理问题，也是法律问题。商业信用征信机构要将征信数据存储于安全可靠的设施中，尽可能地使征信数据处于严格保密状态。

本章要点

- 商业信用征信的三大数据来源
- 三大类数据的特征和获取方式
- 征信数据处理的方法和流程
- 财务数据单独处理的要点
- 征信数据存储与维护中应注意的问题

本章关键术语

公共信用信息　民用信用信息　商业信用信息　数据存储

本章思考题

1. 简述商业信用征信信息的来源渠道。
2. 如何理解好的商业信用征信数据的特点？
3. 简述商业信用征信数据的处理方法。
4. 试探讨影响征信数据存储期限的因素。

第六章　商业信用征信报告编制与解读

第一节　商业信用征信报告的编制原则

一、依据事实原则

商业信用征信报告所陈述的情况要有事实依据，所展示的数据要有来源出处，所得出的结论性意见要有分析理由。委托人或需要参考报告中的内容作出授信决策，其真实性至关重要。

在为编制报告而调用资料时，没有事实依据的资料不可使用。对于主观资料，要审慎使用。商业信用征信机构在编制报告前，有必要增加验证数据的程序。使用翔实的资料，可以使报告的分析结论更接近事实，客观评价被调查对象的信用状况，避免造成委托人的误解。

尽管征信机构无法保证报告绝对正确无误，但应坚持依据事实，尽量避免使用不实的资料。因此，征信机构要建立相应的管理制度，避免调查员使用"道听途说"而未加证实的数据。

二、客观公正原则

客观公正地记录被调查对象的情况是业务人员应具备的基本职业道德素养。在编写报告的过程中，业务人员要站在客观公正的立场上进行工作，在征信报告的内容上不可主观臆断，在数据上不得弄虚作假，在分析上不能感情用事，尽可能客观地评价企业的信用状况。对资料的真实性作出正确的判断，不能使用具有倾向性的表述语言。

对于商业信用征信机构，有两种情况会影响报告的公正客观性：一是编制报告的业务人员将个人偏见夹杂进报告的编写工作，这种错误的性质是主观上刻意歪曲事实；二是将事实以一种误导读者或委托人的逻辑顺序进行排列，这种错误的性质是在无意中形成了误导读者的线索和效果。征信行业的职业道德守则要求凡征信机构的工作人员对调查对象的记录和评价必须秉持客观公正的立场。

三、审慎性原则

商业信用征信活动常受到一些客观条件限制，征信机构并不总是能获取充分的信用信息，采集信用信息困难的情况时有发生。在信用信息不充分的情况下编制报告，一些不确定因素会对分析工作产生影响。在出现类似情况时，编制报告的工作人员需以保守的态度，充分估计风险因素的上限，保证授信人将来自用户的信用风险控制在可承受的范围内。

同时，在评价被调查对象时，如果涉及调查员所反映的主观意见和分析结论，都应采取较为保守稳健的态度。对于疑难和涉及未来不确定事件的预估，也需采取较为保守的看法。但是，审慎的态度并不意味着过分保守，避免授信人错失有价值的用户或商业机会。

四、一致性原则

在编制报告时，报告内容必须前后一致、逻辑合理。避免出现前后内容相互矛盾或脱节的情况。对于有出入或有矛盾的数据，应仔细斟酌推敲、详加分析、究其原因。如果无法查明原因，则出现矛盾的数据宁可舍弃不用。

报告的栏目通常有十多个，内容包括企业管理的各个要素，多项要素包含着征信机构的结论和评价。由于制作报告的资料来源不同，有时不同的原始资料对同一概念使用了不同的词语进行表述，甚至对同一词汇的概念给出不同的定义。编写人员应该核对出处，对比国家标准，理顺概念，避免发生前后内容或文字不搭配的情况。

五、明确性原则

征信活动所涉及的征信范围较广，征信内容较多，征信线索较复杂。从征信的范围来看，有企业的管理情况、经营情况、财务情况，有企业的股东情况、关联企业情况、上下游企业情况，有行业情况、宏观经济情况、政府政策情况等；从征信的内容看，有相关企业及行业的以往情况、现实状况和发展趋势，有相关企业及行业的具体数据、具体指标等；从征信资料的信息来源看，有企业本身提供的，有政府部门提供的，有社会媒体提供的，有行业组织提供的，有中介机构提供的，有征信人员掌握的。因此，在编制商业信用征信报告时应当根据一定的结构体系要求组织材料、整理材料，使之条理化、系统化和明确化。

六、保证工作进度原则

鉴于越来越多的征信报告是在大型征信数据库的支持下进行生产的，大型商业信用征信机构也在各地设置分公司或办事机构，汇集和核实征信数据的效率已经提高很多，相应地缩短了编制报告的时间。因此，征信机构应该尽量利用征信数据库和流水式报告生产方式，缩短报告编制时间，改善对调查委托人的服务。

对于调查委托人，在保证质量的前提下，商业信用征信机构要抓紧安排采集信息和编制报告的时间表，合理安排工作进度。

为了做好报告的编制工作，商业信用征信机构的相关人员应该在报告编制工作中严格遵循上述各项原则。同时，加强信用信息采集方面的工作，提高征信数据的更新频率，使报告的内容更接近于最新动态。

第二节　商业信用征信报告的编制内容

一、企业基本信息

企业基本信息用于帮助用户识别被调查的目标企业。企业基本信息以目标企业的工商登记信息为主，在有条件的情况下，技术人员还可以核实企业税务登记、银行账户、主要经营者等。此外，在制作报告或维护征信数据库时，商业信用征信机构会安排电话调查员进行核实。另外，在特殊情况下，还可以通过其他商业信用征信机构的信用档案编码进行验证。

由此可见，企业基本信息主要包括两部分内容：一是提供类似企业的登记信息（有可能超出这个范围）；二是提供目标企业的联系方式，包括目标企业的联系电话和通信地址。通常地，企业的基本信息项包括企业名称、企业地址、企业电话和传真、企业类型、成立年份、行业分类、企业规模（之前包括注册资金）、营业范围（曾经要求）、员工人数。对于企业地址，报告可能提供市场监管部门登记的地址和实际办公地址（如果两个地址不相同的话）。对于不同的征信机构，对企业基本信息报告提供的内容并不是绝对一致，多几项或少几项都属正常，但编制原则是相同的。

我国市场监管部门对企业的登记有严格的要求，任何合法的企业都要取得市场监管部门登记。除了根据《公司法》规定登记注册的普通责任有限公司和责任无限公司之外按照所有制划分，我国市场监管部门通常将其他类型的企业分为如下类别：

1. 国有企业。指企业全部资产归国家所有，并按《企业法人登记管理条例》规定登记注册的非公司制的经济组织，不包括有限责任公司中的国有独资公司。

2. 集体企业。企业资产归集体所有。

3. 股份合作企业。以合作制为基础，由企业职工共同出资入股，吸收一定比例的社会资产投资组建，实行自主经营、自负盈亏、共同劳动、民主管理、按劳分配与按股分红相结合的一种集体经济组织。

4. 联营企业。指两个及两个以上相同或不同所有制性质的企业法人或事业单位法人，按自愿、平等、互利的原则，共同投资组成的经济组织。

5. 私营企业。指由自然人投资设立或由自然人控股，以雇佣劳动为基础的营利性经济组织，包括按照《公司法》《合伙企业法》《私营企业暂行条例》规定登记注册的私营有限责任公司、私营股份有限公司、私营合伙企业和私营独资企业。

6. 股份有限公司。指根据《公司登记管理条例》规定登记注册，其全部注册资本由等额股份构成并通过发行股票筹集资本，股东以其认购的股份对公司承担有限责任，公司以其全部资产对其债务承担责任的经济组织。

7. 外商投资企业。包括外国投资和中国港澳台地区投资人投资的企业。

8. 外商驻中国办事机构（非法人）。包括外国企业和中国港澳台地区企业驻内地或大陆代表处、办事处、联络处等。

在企业登记的名称使用上，根据企业的规模、注册资金或政府要求承担的职责，在市场监管局注册的部分大企业和特殊企业还有可能出现如下名称：

1. 股份有限公司。

2. 集团公司。5000 万元注册资金，并有 5 家以上子公司。

3. 中国字头公司。

4. 无行业和区域字头公司。

5. 总公司。

除了企业市场监管部门登记状况，征信报告通常还包括企业历史沿革。历史沿革可以判断出企业经营管理的成熟度，也可以间接了解供应商对其的信任度。在使用量化指标评价企业时，经营时限长的企业会增分不少。一般经验是，历史短的企业，年轻而有活力，但经验少，抗风险能力值得怀疑；历史悠久的公司，招牌响亮，在业界的信誉会比较好，但不要有"老店不倒"的观念。另外，还有一些涉及经营方针变化的因素需要调查员清晰地了解，如国有企业的资产划分、土地调拨、政策变化等。对于普通企业来说，其产品变化、涉入风险大的新领域、转行、投资人变化、并购等都可能产生风险。

二、企业经营管理评价

企业经营管理涉及的方面较多，主要的评价因素包括经营能力、产品状况、组织结构、管理者素质等。

经营能力主要包括的硬件因素有人员素质、资金规模、设备性能等，软件因素有制度、技术、理念等，具体体现在股东结构、经理人员、员工队伍、企业文化、技术水平、设备状况、营销能力、融资能力、以往业绩等方面，这些都是商业信用征信报告涉及的主要内容。

根据市场成长性和市场份额占有率，企业的产品可分为 4 类，即明星产品、金牛产品、狗类产品和问题产品。其中，明星产品是指在迅速成长的市场里获得较高市场份额的产品，在加大生产资源投入该类产品的同时，应当注重提高产品的质量和加大产品的差异性，通过品牌效益来增加经营效益。金牛产品是指成长缓慢但获得较好经营收益的产品。对这类产品，企业应当注重控制产品经营成本，同时增加市场投入，注重产品升级换代。狗类产品是指在衰退的市场里只占据有限市场份额的产品，没有发展潜力，不仅不能增加生产资源的投入，而且应当逐步减少生产以至淘汰。问题产品是指在迅速成长的市场里占有较低市场份额的产品，这类产品的未来发展具有不确定性。企业经营者的决策决定了企业的产品线、品牌战略和销售方式，综合体现了经营者的素质和经验。

企业的行为方式折射出企业管理者的品德，中小企业的情况更是如此。从诚信角度看，企业经营者的品德在很大程度上决定了企业的信用状况和偿付意愿。经营者的品德高下与企业的信用状况优劣紧密相关。因此，商业信用征信报告还要体现企业经营者个人信用状况有关信息。

三、企业财务状况分析

企业财务能力是企业经营状况的综合体现，被调查企业的财务能力是与该企业的信用价值紧密相关的要素。征信报告涉及的财务信息主要包括以下内容：

对企业财务状况进行分析包括营运能力分析、盈利能力分析、偿债能力分析、发展能力分析和现金流量分析。营运能力是指通过企业生产经营资金周转速度的有关指标所反映出来的企业资金利用的效率，包括流动资产周转情况分析、固定资产周转分析和总资产周转分析。盈利能力是指企业赚取利润的能力，是企业财务结构和经营绩效的综合体现，包括主营业务盈利能力分析、总资产盈利能力分析和净资产盈利能力分析等。偿债能力是指在一定期间内清偿各种到期债务的能力。偿债能力强弱是衡量经营绩效的重要指标，不仅关系到企业本身的生存和发展，也与债权人、投资者的利益密切相关。偿债能力分析包括短期偿债能力分析和长期偿债能力分析。发展能力也可以通过一些财务指标显示，如销售增长率、总资产增长率、净利润增长率、资本积累率、N 年平均利润增长等。现金流量是影响企业还款能力的关键因素。对现金流量表进行分析，常用的方法包括百分数现金流量表、趋势分析、比率分析等。

财务状况是企业经营状况的货币表现，财务报表是对企业经营活动的系统记录，为了对企业进行比较客观量化的财务风险评估，可以设计相关指标，并按风险等级对财务风险进行评估。财务能力强是企业信用的良好基础，体现企业财务能力的要素主要包括：

1. 应收账款。指企业在生产经营过程中因销售商品和产品、提供劳务等，应向购货单位或接受劳务单位收取的款项。应收账款应于收入实现时予以确认，通常按实际发生额计价入账。应收账款的增加一方面说明企业扩大了销售；另一方面存在无法回收的可能性，将给企业带来损失。

2. 存货。指企业在日常的生产经营过程中持有以备出售，或者仍然处在生产过程，或在生产或提供劳务过程中将消耗的材料或物料等，包括各类材料、商品、在产品、产成品等。存货范围的确认标准是企业对货物是否具有法人财产权。

3. 长期投资。指短期投资以外的投资，包括持有时间超过一年的各种股权性质的投资、不能变现或不准备随时变现的债券、长期债券投资和其他长期投资。

4. 固定资产。指使用期限在一年以上，单位价值在规定标准以上，并在使用过程中保持原来物质形态的资产，包括房屋、建筑物、机器、机械、运输工具以及其他与生产、经营有关的设备、器具、工具等。在资产负债表中，为了全面反映企业固定资产的状况，分别以固定资产原价、固定资产净额、工程物资、在建工程、固定资产清理等项目列示。

5. 短期借款。指企业向银行或其他金融机构等借入的、期限在一年以下的各种借款。征信人员应当了解借款提供的银行或其他金融机构，并且要了解这些借款的发放日期和到期日、有无借款逾期情况。

6. 应付账款。指企业因购买原材料、商品和接受劳务供应等而应付给供应商的款项。应付账款一般按应付金额入账。资产负债表中的应付账款项目反映了企业尚未支付的应付账款，这是企业最常见、最普遍的流动负债。

7. 实收资本。指企业所有者的投资，只要不增加投资，资产负债表中的这个数字就是固定的。

8. 主营业务收入。反映企业从事主营业务活动所取得的收入总额。收入是按实现原则确认的，只要销售成立，会计上就要确认收入。

9. 期间费用。指营业费用、管理费用、财务费用三大费用。

四、经济景气影响评估

企业的发展与国内外的经济大环境紧密相关，经济景气与否即宏观经济环境与行业发展状况的好坏，不仅影响企业的信用状况，有时甚至关乎企业的生死存亡，是商业信用征信不可忽视的重要因素。

经济景气多出现在经济大环境较好阶段，经济增长会促进经济景气。对于绝大多数企业，经济景气意味着市场繁荣、市场供不应求、订单不断。同时，市场的兴旺促进了金融的活跃、市场投资增加，企业纷纷投资扩充生产能力，新的企业不断涌现。与此相反，若经济景气衰退，企业的订单会减少，出现冗员、材料积压、偿贷等问题，企业的财务负担沉重，实力差的企业便会倒闭。

经济景气与否可能仅针对一些特定的行业。另外，经济环境的变化有一定的周期性，有所谓经济景气循环的现象出现，而对于不同的行业，经济景气循环的周期并不一样。征信机构需要对国内经济景气情况进行判断和预测。对于经济景气的周期进行分析，主要是利用月度或季度经济统计序列数据，分析和判断经济发展处于周期性波动的阶段，找出经济景气状态发生变动的原因。同时，分析员需要关注国内经济研究机构或咨询机构，随时了解经济景气指数的变化。另外，市场经济是一个开放的体系。经济全球化加深了各国经济的相互依存、合作、竞争和发展，使得各国间的关系越来越密切，相互影响也越来越深。

至于企业所在的行业状况，不同的分析员可能对某些行业的景气情况十分了解，有长期的资料积累。如果一个企业身处朝阳行业，那么企业的成长机会较多、获利空间较大，但企业的淘汰率也较高。如果企业处于成熟期的行业，尽管行业内竞争激烈，但它仍有可能保持稳定的销售量和利润率。如果企业处于夕阳行业，所在行业处在衰退期，则全行业的销售在持续下降，风险较大。

五、公共信用信息展示

公共信用信息是对企业社会表现的真实记录，主要包括负面记录和处理情况。若企业触及法律或社会道德底线，就会受到政府或其他公共机构的处罚或谴责，从而产生了公共信用信息。因此，公共信用信息的内容主要包括法院诉讼和裁决记录、各类仲裁记录（仲裁记录通常是不公开的）、各个政府监管部门的处罚记录等。另外，由第三方商账追收机构追讨企业欠款，这种追账记录在性质上不能被认定为是一种公共信用信息，但是为了更好地帮助调查委托人判断调查对象的信用状况，一些商业信用征信机构还是将商账追收机构的催账记录列入商业信用征信机构的"公共记录"栏内。

随着我国社会信用体系建设工作的推进，按照《国务院关于建立完善守信联合激励和失信联合惩戒制度加快推进社会诚信建设的指导意见》（国发〔2016〕33号），政府监管部门处罚的企业被列入政府失信黑名单。商业信用征信机构要注意采集各个重要监管部门对企业进行处罚的信息，特别要留意被列入异常经营、关注、黑名单等企业。如对于制造类企业，重要的政府监管部门主要包括市场监管局、税务局、环保局、质监局、工信局。对于外贸、商业和特殊行业，政府分别指定有行业的监管部门。被政府监管部门列入失信黑名单的企业将会产生不良的公共记录。需要说明的是，以往的公共信用信息概念是企业的经济纠纷诉讼记录或是被法院宣判败诉的记录，基本上属于负面信息，司法胜诉不属于不良记录。受到政府监管部门的奖励等是优良记录，属于正面信息，也是政府部门联合奖惩信息公示内容。

六、银行往来和财务实力

企业开户行、往来的其他银行、存款、贷款、偿贷等信息通常也会反映在征信报告中。

通常地，需要采集的信息项目包括：

1. 主账户或辅账户的开户日期。账户开户日期的长短可以显示该企业与开户行之间往来的情况。一般来说，与银行往来时间长的企业，其信用状况较佳，与银行的互动关系也较好。

2. 平均存款位数。对于任何一家正常经营的企业，其存取的款项位数起伏不会太大。如果发生大幅变动，就要了解其原因。通过企业存取款的数字，可看出该企业能调动的资金是否充裕。虽然存款基数高的企业资金状况比较好，但偶然出现透支或转账的也不一定就不好。

3. 有跳票记录。如果在某一阶段，企业的账户经常出现跳票，多半是企业财务状况恶化的前兆。调查员应该设法了解企业的跳票次数和金额多少。

4. 银行对企业的印象。银行职员有时能提供其对开户企业的印象，特别是外资银行，如优良老用户、往来频繁的用户、新开户、近期很少往来的用户等。

5. 改变主要往来银行。商业银行都不愿贷款给财务状况不佳的企业，如果企业的贷款请求被自己的开户行拒绝，有可能撤销在该行的账户，转而求助于其他银行。企业因为迁址而改变往来银行，应该另当别论。

如企业使用循环信用工具，就存在付款行为记录。另外，企业还有对电力、工业用水、通信、房租等的付款记录，我们更习惯地将这种付款记录称为付费记录。

企业的付款行为方式能够表现企业的信用行为。在一些商业信用征信报告中，企业付款记录还包括企业对其供应商的付款习惯或行为的记录，特别是在国际贸易中的付款记录。

第三节　商业信用征信报告的编制方法

一、编制基本操作

商业信用征信机构分为传统调查和大数据库服务两大类。前者的业务操作采用的是传统的经济调查方式，由一个征信工作人员完成全部征信业务操作。根据调查结果，征信专员会制作格式并不十分规范的信用调查报告，并交付委托人。部分规模较小的征信机构，由于没有条件建立和维护征信数据库，多采用这种传统的征信工作方式。

大型商业信用征信机构拥有征信数据库系统，数据库中存储着海量信用信息。在编制商业信用征信报告时，征信机构的业务或技术人员依托大型商业信用征信数据库提供的信用信息，但仍需要坚持商业信用征信的尽职调查。在大型征信数据库基础上，商业信用征信机构很容易开发出多种多样的报告产品，包括定型的或非定型的报告产品，而且还可以提供征信数据服务或者数据库检索服务。

大型征信机构生产报告产品要遵循非常严谨的业务操作流程，从而形成征信报告生产线。征信报告生产主要操作步骤包括：

1. 接受委托：由机构的销售人员或客服人员接受用户的调查委托，并核实是否是近期的重复调查。然后，履行规定的审核手续，通过正常的管理渠道下达任务单给报告生产部门。

2. 采集数据：从征信数据库检索调查对象的档案或历史记录，或从数据供应商处采购。征信专员根据采集单进行补充调查，并配上被调查对象最近的财务报表。

3. 核实数据：征信专员通过电话或线下核实各数据源提供的基本数据，特别是核实那些逻辑不合理的数据。

4. 处理数据：剔除不可靠的且逻辑不合理的数据和假数据，尽可能排除财务报表的虚假成分，作出系统性修正。在这道工作程序中，有可能包括量化一些定性分析指标。

5. 报表分析：分析财务报表，作出相应的评价，并作出一些文字性的评述。

6. 量化指标：使用数学模型，评出调查对象的资信级别，求出风险指数。

7. 尽职调查：征信专员下现场调查和核实，取得现场调查实录，并为报告附上简单的文字性报告。

8. 完成报告：在统一的报告模板上，按照标准的格式，将基于事实的记录、量化分析结果、分析结论等"原料"拼装进去。

9. 检验复审：根据标准进行产品检验复审。

10. 产品出库：向有关客户服务人员发出"完成报告"通知（见图6-1）。

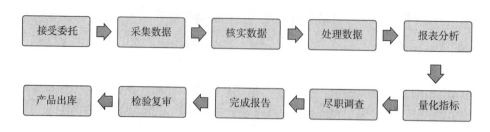

图6-1　商业信用征信编制基本步骤

在实际操作中，有的征信机构先在征信数据库中汇集数据或记录，并将数据或记录填充进报告模板，然后再送入报告生成系统。系统工作人员只需对已经填充进去的数据进行核对和增减，配齐财务报表和量化分析指标，便可将初步成型的报告送入尽职调查工作程序。

在上述的报告生产程序中，其中的第2项至第8项操作属于系统内的操作。尽管个别报告评级系统的先后次序可以有所调整，但操作的原理和原则是不会变化的。

二、报告栏目设置

在商业信用管理工作实践中，信用管理人员需要从不同的角度考察用户，防范来自各个角度的信用风险。为了满足各类调查委托人的信用信息需求和出于价格考虑，商业信用征信机构会设计和生产多种征信报告，如标准征信报告、深度征信报告和专项征信报告。对于最基础的商业信用征信报告，报告的编制工作是依据特定的报告模板进行的，而编制报告的模板是征信机构预先设计好，能够提供什么样的信用信息和内容的逻辑顺序已经被完全确定。

在各类商业信用征信报告中有一类报告是定式报告，这种报告具有特定的版式，甚至是某种形式的"标准"版式报告。另一类报告是非定式报告，报告是根据调查委托人的需要而"量身定做"的，这种报告不仅没有固定的格式，甚至没有固定的栏目，如专项征信报告。但不论征信机构生产多少种类的报告产品，接受度最高的仍是标准征信报告，该类报告是商业信用征信机构的主流产品。

鉴于标准征信报告的主流报告产品的地位和重要性，对任何商业信用征信机构而言，这种报告产品的质量好坏和对外形象至关重要，直接影响到征信机构的声誉。因此，大型商业信用征信机构无一例外都会在设计这种报告的版式和提高质量上下功夫。作为主流的商业信用征信报告产品，用户对这种报告产品的要求是基本满足日常"授信决策"信息要求即可，当然价格也是可以接受的。在价格允许的条件下，标准征信报告能够对用户的授信决策提供基本"够用"的信息和技术支持，且在各类商业信用征信报告中，其性能价格比应是最高的。

设计标准征信报告的版式主要受到信息量和价格两方面约束。商业信用征信机构能否制作出高质量的标准征信报告，与该机构掌握的信用信息源关系密切。商业信用征信机构要考虑的主要因素包括：

1. 信息量。信息量足够大，但无赘述，内容恰如其分。

2. 信息完整性。栏目设置齐全，内容翔实。

3. 数据处理水平高。征信数据及形成的信用记录的质量高，在未经核实的情况下，不使用不可靠的信息。

4. 性能价格比。高于同行业主流机构的平均值，尽可能达到行业最好的之一。

5. 逻辑合理。栏目设置和信息项排列科学，可读性强，而且美观。

6. 机读。与主流的信用管理专业软件兼容，特别是自己机构提供的品牌软件，而且有英文版本报告。

7. 升级。要不断更新换代，对报告版式进行改进。

8. 特色。在内涵方面要有自己的特色，如技术含量特别高或某项信息独家提供等。

9. 工具。附上报告解读或分析工具，对于使用符号多的报告更是如此。

10. 比较。要与业内主流征信机构的产品比较，争取胜出，取得大用户群体的一致好评，形成好口碑。

目前，对于普通版商业信用征信报告的编制，征信机构可以根据自身的资源、能力和用户需求设计具有机构特色的征信报告产品。

标准征信报告通常会设置十多项栏目，所提供的信用信息主要包括企业变更记录、注册信息、当年经营情况、银行往来记录、公共信用信息、财务报表、主要产品、进出口报关、董监高履历、品牌荣誉状况分析、现场尽调信息等。纵观各大商业信用征信机构，它们生产的标准征信报告栏目设置大同小异，大致情况如下：

（1）企业基本信息。识别企业，包括企业的类型、行业分类和市场监管部门注册信息。

（2）财务信息。附三年的财务报表。

（3）银行往来记录。主账户和辅账户的开户行、信贷和偿贷记录、应收应付。

（4）公共信用信息。特别是经济纠纷的法院裁决、政府处罚、违约失信信息等。

（5）经营状况。业务量、主要产品和生产许可，有时包括行业景气分析。

（6）进出口情况。以海关统计数据为主。

（7）管理信息。包括组织机构、关系企业、董监高履历。

（8）量化指标。资信等级和风险指数。

（9）历史沿革。特别是政府给国有企业的政策。

（10）特殊项目。重大的合作、工程、并购等。

（11）现场尽调信息。征信专员现场核实记录。

（12）综合分析。对调查目标企业的信用价值给予提示性的分析。

商业信用征信机构从采集数据到形成商业信用征信报告产品的过程如图 6-2 所示。

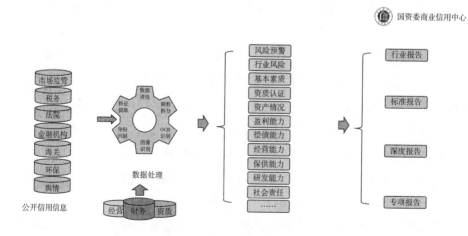

图 6-2　商业信用征信报告产品信息采集及流程图示

三、报告模板升级

在制作商业信用征信报告时，评级系统工作人员都要依照最新的报告模板进行报告编制。对征信机构，报告模板决定了报告的风格、栏目、格式、信息量等若干关键性因素，并定义了各个栏目下的记录内容、记录分类、字段、时间表达以及有无解释等。因此报告模板的作用是为报告生产建立标准，并为报告生产流程设计提供依据。

在报告模板的设计或升级时，征信机构需要对若干方面着重考虑，主要包括：报告用户的需求、报告用户的阅读习惯、信息资源状况、量化指标的技术水平、市场上同类报告产品的模板、行业的平均水平、自己机会的特点。

商业信用征信机构掌握信用信息源的能力，客观上限制了报告模板的设计。如一家征信机构不能掌握个别重要的信用信息源，或采购某类信用信息的成本太高，都将无法支持报告中某些栏目的设置，但个别经营多年的主流商业信用征信机构却有能力取得和提供这种信息。

报告用户订购商业信用征信报告产品的目的是用于对授信决策提供支持，因此报告模板的设计人员须更详细地了解报告用户的需求和需求的变化趋势。在模板设计时，要尊重用户阅读习惯。即便用户使用某种信用管理专业软件，计算机的分析能够辅助阅读，也不能排除用户直接阅读原始报告的行为。

在报告模板中必须有量化指标，各种量化指标是对调查对象进行科学分析的工具，是商业信用征信机构在技术、信息和资金方面综合实力的体现。资金实力强的大型商业信用征信机构会大举投入对某个特定市场的信用风险研究，在数万个或数十万个企业样本支持下开发更适宜的量化指标产品。近年来，随着中资征信机构的发展壮大，其在信息处理技术和量化指标的研发方面投入越来越大，技术水平有了很大提高。

商业信用征信报告的模板不是一成不变的，主流征信机构的普通版征信报告的模板需要升级换代。对于征信机构，报告模板的升级目的是更好地服务报告用户，赢得市场竞争。基于这种考虑，在出现如下情况时，商业信用征信机构可以考虑对报告模板进行升级：

1. 掌握了新的信用信息源，而且使用信用信息源的成本不太高。

2. 量化指标的技术含量提高或在方法上改进了对授信额度的推荐。

3. 主要竞争对手的报告模板升级，在市场上产生正面的响应。

4. 完全改变报告的形象或机构的经营方式。

四、报告检验复审

征信产品质检严格与否直接影响到产品的质量好坏，进而影响到征信机构的市场声誉。因此，对于任何负责任的商业信用征信机构，在报告产品的生产过程中要专门设立报告产品质量检验复审或三审程序。

对于报告产品检验复审人员，对报告进行质检的第一步是检查报告的模板，检验编制人员是否使用了正确的报告模板。在质检程序中，被调查对象的企业基本信息要严格核对。另外，特别需要注意的是关联信息要位置正确，企业家族要按照逻辑树的原则进行描述。

技术性检验主要指对企业财务分析结果的检验。如财务分析是使用软件辅助，质检复审人员可以重新录入数据、计算结果，以检验报告编制人员是否输入了错误的数据。如果人工计算，可以抽查若干重要指标。技术性检验还包括对其他量化指标的检验，特别是对风险指数计算结果的检验。

文字检验的重点在于报告的表述清晰程度，内容是否前后一致、逻辑合理。避免发生前后内容相互矛盾的情况，也要避免出现前后内容脱节的情况。如使用专业评级/评分软件辅助制作，要注意软件在解释部分使用的语言。

以上检验程序都是对报告内容正确性的检验。此外，还有一种是报告内容合法化方面的检验。如报告引用了政府文件的内容，复审人员要核对文件的密级。合法化的另一要求是遵守法律，对被定义为企业秘密的内容要进行处理，或删除，或不直接引用而是用间接数据。

第四节　商业信用征信报告解读

一、征信报告用途与结构

（一）征信报告用途

商业信用征信报告主要有两方面用途：一是供企业主动了解自身征信记

录，如查看信用报告中是否存在不良信贷信息、比较信用报告中的贷款余额与自身实际的借款账面余额是否相符等；二是供交易对手、政府部门或其他机构使用，作为自身资质及信用状况的证明，以取得对方信任，如提供给拟合作的投资伙伴、政府部门、中央企业对企业进行各类招标时要求企业提供自己的信用报告以了解企业有无不良记录。

（二）征信报告结构

商业信用征信报告解读时，其结构主要分为八部分：报告头、报告说明、基本信息、有直接关联关系的其他企业、信息概要、信贷记录明细、公共信用明细和声明信息明细。

1. 报告头

报告头为信用报告的起始部分，用于描述信用报告的生成时间、查询信息等基本要素。用户在线浏览时，展示具体包括社会统一信用代码、报告日期等要素。打印和下载时，报告头以封面的形式呈现，封面展示的数据项包括报告编号信息主体的名称、社会统一信用代码、报告日期等要素。

2. 报告说明

报告说明的内容主要是对信用报告中的数据源、部分专有名词，以及一些需要补充说明的重要事项进行说明。在线浏览时，不展示报告说明。打印和下载时，报告说明在封面的后一页展示。

3. 基本信息

基本信息展示信息主体的一些基本属性，内容包括身份信息、主要出资人信息、高管人员信息等。

● 身份信息。身份信息主要包括信用主体的名称、企业类型、注册地址、实际办公地址、社会统一信用代码、登记注册日期、法定代表人等。

● 主要出资人信息。主要出资人信息包括注册资金、实缴资本、出资方名称与类型、证件号码、币种、出资金额、出资占比等。

● 高管人员信息。高管人员信息包括职务、姓名、证件类型、证件号码、性别、出生年月等，按照高管人员类别依次展示法定代表人、总经理和财务负责人的信息。

4. 有直接关联关系的其他企业

展示与该企业存在一级关联关系的企业。关系类别只展示大类，依次为家族企业、母子公司、投资关联、担保关联、出资人关联、高管人员关联、担保人关联。在"关系"中列出所有的关联关系类别，企业按照关系类别的多少进行排序。

5. 信息概要

信息概要是让企业能够迅速了解自己的信用报告主要包含哪些内容总体的违约情况和负债情况，提高阅读后面明细记录的针对性，提升解读信用报告的效率。信息概要的具体内容是先展示一段描述性文字，再依次展示当前负债信息概要、还清债务信息概要和对外担保信息概要。

• 描述性文字。此部分描述信息主体的总体信用状况，具体包括三部分：

一是信贷信息总体描述，包括信息主体首次与金融机构发生信贷关系的年份、发生信贷关系的金融机构数量，以及目前仍存在信贷关系的金融机构数量。

二是公共信息总体描述，即对信息主体在遵纪守法方面的表现作提示性说明，主要展示信息主体有几条欠税记录、民事判决记录、强制执行记录、行政处罚记录。

三是声明信息总体描述，即对信用主体项下是否存在报数机构说明、征信中心标注和信息主体声明等信息进行提示。

• 当前负债信息概要。主要描述信息主体当前负债及或有负债的总体情况，包括未结清的由资产管理公司处置的债务、担保代偿、欠息和垫款汇总信息，以及七类未结清信贷业务汇总信息。

• 已还清债务信息概要。主要展示该信息主体已还清债务的总体情况，具体包括已结清的由资产管理公司处置的债务、担保代偿、垫款汇总及七类信贷信息的汇总信息。

• 对外担保信息概要。展示信息主体名下当前有效的对外担保汇总信息。

6. 信贷记录明细

信贷记录明细通过逐笔详细描述信息主体的信贷业务信息，反映信用主体借贷和还贷的历史。

首先展示当前负债，再展示已还清债务，最后展示对外担保。按照信息受金融机构关注程度由高到低，当前负债依次展示：由资产管理公司处置的债务、担保代偿、欠息垫款、不良和关注类业务、正常类业务；已结清债务业务反映的问题取值规则做相应调整，与银行专业版依次展示由资产管理公司处置的负债、担保代偿、垫款、贷款、贸易融资、保理、票据贴现、银行承兑汇票、信用证、保函等；对外担保依次展示保证担保、抵押担保、质押担保。

信贷业务按照先表内、后表外的顺序依次展示贷款、贸易融资、保理、票据贴现银行承兑汇票、信用证、保函。

当某类信贷业务存在多笔时，同一机构名下的业务放在一起展示；在当前负债中，不同机构之间按照同一机构名下的余额汇总值大小降序排列；在已结清债务中，不同机构之间按照发生额汇总值大小降序排列。同一机构名下的业务则按照"五级分类"严重程度由高到低（损失、可疑、次级、关注、正常）排列，"五级分类"相同的，当前负债按照到期日由近到远展示，已结清债务业务按照结清时间由近到远展示。

7. 公共信用信息明细

依次展示：欠税记录、民事判决记录、强制执行记录、行政处罚记录、社会保险参保缴费记录、住房公积金缴费记录、获得许可记录、获得认证记录、获得资质记录、获得奖励记录、出入境检验检疫绿色通道信息、进出口商品免检信息、进出口免检分类监管信息、上市公司或有事项、拥有专利情况、公共事业缴费记录。调整展示顺序，是为了先展示信息主体不遵纪守法的信息，再展示一些正面公共信息，最后展示一些比较敏感的信息。

8. 声明信息明细

依次展示报数机构说明、征信中心标注、信息主体说明。报数机构说明通常为信息主体信用信息的一部分，所以优先展示。征信中心标注通常包括两方面信息，一是描述一些与信息主体有关的重要事项，二是对信用报告中所采集的信用信息进行异议标注，所以放在报数机构说明之后展示。信息主体声明主要是信息主体对异议处理情况进行的申诉，所以将其放在最后展示。

二、人民银行征信中心企业征信报告解读

商业信用征信报告可以提供企业授信决策所需要的信息，各商业信用征信

机构出具的征信报告形式上各不相同，但大同小异。以中国人民银行征信中心（下文简称"征信中心"）企业信用报告样本为例，其主要内容涵盖了主流企业征信报告的内容，由于具有信用信息获取优势，征信中心企业征信报告在内容完整性上要超过相当一部分商业信用征信企业的报告内容。中国人民银行征信中心企业信用报告（自主查询版）的具体样本详见本书附录1。

中国人民银行征信中心专门负责我国企业和个人征信系统（即金融信用信息基础数据库，又称企业和个人信用信息基础数据库）的建设、运行和维护。同时为落实《物权法》关于应收账款质押登记职责规定，征信中心于2007年10月1日建成应收账款质押登记系统并对外提供服务。2008年5月，中国人民银行征信中心正式在上海举行了挂牌仪式，注册地为上海市浦东新区。2013年3月15日施行的《征信业管理条例》，明确了征信系统是由国家设立的金融信用信息基础数据库定位。目前，征信中心在全国31个省份和5个计划单列市设有征信分中心。

作为专业化征信机构，征信中心依法履职，积极推进征信系统建设，保障系统安全稳定运行，加快系统升级优化，深入推进服务转型，加强产品研发与应用，切实维护信息主体合法权益，充分发挥征信系统作为我国重要金融基础设施作用，为推动社会信用体系建设作出了贡献。

（一）征信中心企业征信报告样本解读

1. 封面部分，展示了征信报告的编号（NO. B20160812001032351）、名称、类型（自主查询版）、机构信用代码、中征码和日期等基础信息。

值得一提的是，人民银行以结算账户开户许可证核准号为基础赋予申请机构在全国范围内唯一、不变的编码——机构信用代码，共18位，包含有准入管理部门类别、机构类别、行政区划代码等内容。机构信用代码系统记录机构的基本信息，如名称、登记注册部门、注册地址、成立日期等，以及机构已有的其他代码，如登记注册号、纳税人识别号等。

通过机构信用代码，可以查询企业信用报告。

NO. B20160812001032351

企业信用报告

（自主查询版）

名称：报告样本公司

机构信用代码：******

中征码：******

报告日期：2016 – 08 – 12

2. 报告说明部分，展示了报告的制作主体、资料来源、数据单位、货币折算、异议处理、联系方式和免责声明等，为报告内容解读提供了基础性说明和提示。

报告说明

1. 本报告由中国人民银行征信中心出具，依据截止报告时间企业征信系统记录的信息生成。除征信中心标注外，报告中的信息均由相关报数机构和信息主体提供，征信中心不保证其真实性和准确性，但承诺在信息整合、汇总、展示的全过程中保持客观、中立的地位。

2. 本报告中的身份信息、主要出资人信息、高管人员信息来源于信息主体在金融机构办理业务时所提供的相关资料。

3. 如无特别说明，本报告中的金额类数据项单位均为万元。

4. 如无特别说明币种，本报告中的金额类汇总数据项均为人民币计价。外币折人民币的计算依据国家外汇管理局当月公布的各种货币对美元折算率表。

5. 如信息记录斜体展示，则说明信息主体对此条记录存在异议。

6. 报数机构说明是报数机构对报告中的信息记录或对信息主体所作的补充说明。

7. 征信中心标注是征信中心对报告中的信息记录或对信息主体所作的说明。

8. 信息主体声明是信息主体对报数机构提供的信息记录所作的简要说明。

9. 信息主体有权对本报告中的内容提出异议。如有异议，可联系报数机构，也可到当地信用报告查询网点（具体地址可查询征信中心网站 www.pbccrc.org.cn）提出异议申请。

10. 据告中的中征码为原贷款卡编码。

11. 本报告仅向信息主体提供，不得作为金融机构的授信依据，请妥善保管。因保管不当造成信息泄露的，征信中心不承担相关责任。

3. 基本信息部分，包含了企业法人的身份信息、主要出资人信息、高管人员信息。通过此部分，可以了解企业的工商注册和主要人员情况。如表 6 - 1 至表 6 - 3 所示。

表 6 - 1　　　　　　　　　　企业法人身份信息

名称	报告样本公司		
注册地址	北京市		
登记注册类型	工商注册号	登记注册号	******
登记注册日期	1998 - 01 - 01	有效截止日期	2018 - 01 - 01
组织机构代码	12345678 - 8	中征码	******
国税登记号	G1000000000000*	地税登记号	******

表 6 - 2　　　　　　　　　　主要出资人信息

注册资金折人民币合计 250000 万元

出资方名称	证件类型	证件号码	出资占比
**（法人股东）	中征码	******	40%
**（自然人股东）	身份证号码	******	60

表 6 - 3　　　　　　　　　　高管人员信息

职务	姓名	证件类型	证件号码
法定代表人	李伟	身份证	******
总经理	王伟	身份证	******
财务负责人	张伟	身份证	******

4. 有直接关联关系的其他企业部分，单独展示直接关联企业情况，可以反映企业间存在的隶属、担保等关系信息，如表 6 - 4 所示。

表 6 - 4　　　　　　　　　有直接关联关系的其他企业

名称	中征码	关系
报告样本北京公司 1	******	企业担保关联—被担保
报告样本北京公司 2	******	企业担保关联—相互担保
报告样本北京公司 3	******	集团企业关联—母子关系

5. 信息概要部分和信贷记录明细部分，信息概要包括负债信息概要、已还清债务信息概要、对外担保信息概要，信贷记录明细则包括当前负债、已还

清债务和对外担保记录信息。

这两部分集中列示了被征信企业的主要经营信息和运营风险，是征信信息的核心部分。信息概要和信贷记录更是从现金流和信贷层面，对企业目前的债权债务关系进行了详细说明。通过此部分，可以详细了解企业的资金情况和在金融机构的信用情况。如表6-5所示，被征信企业的对外担保情况也可以一并获知。

表6-5 对外担保记录

类型	被担保人	证件类型	证件号码	担保币种	担保金额	担保形式
保证	＊＊公司	贷款卡	＊＊＊＊＊＊	人民币	200	多人联保
保证	＊＊公司	贷款卡	＊＊＊＊＊＊	人民币	100	单人担保
抵押	＊＊公司	贷款卡	＊＊＊＊＊＊	人民币	80	抵押物担保
质押	＊＊公司	贷款卡	＊＊＊＊＊＊	人民币	100	质押物担保

6. 公共信息部分，包含欠税记录、民事判决记录（见表6-6）、强制执行记录、行政处罚记录、社会保险参保缴费记录、住房公积金缴费记录、获得许可记录、获得认证记录、获得资质记录、获得奖励记录、拥有专利记录、出入境检验检疫绿色通道记录、进出口商品免检记录、进出口商品检验分类监管记录、上市公司或有事项记录、公用事业缴费记录等16项记录。

表6-6 民事判决记录

立案法院：四川省泸州市中级人民法院	立案日期：2007-12-13
案由：房地产合同纠纷	诉讼地位：被告
案号：第×××号	审判程序：第一审
诉讼标的：房屋	诉讼标的金额（元）：15000000
结案方法：判决	判决/调解生效日期：2008-05-05
判决/调解结果：驳回上诉，维持原判。限期被告××有限责任公司支付原告四川王氏房地产开发有限公司违约金45万元。如果未按期履行给付金钱义务，应当按照法律规定加倍支付债务利息。驳回原告的其他诉讼请求。	

公共信息作为刻画和反映企业整体情况的重要内容，基本来源于政府和公共服务机构，相比企业运营数据等内部信息，公共信息更多从外部角度反映企业的信用情况，且公共信息较多属于非量化信息，具有外部评价特点。但需要注意的是，对于有民事判决记录且判决认为企业无差错的，应作为企业信用评

价的正面因子。表6-6中民事判决记录部分显示被征信企业处于"被告"地位，且有差错需要承担民事责任，因此是企业信用评价的负面因素。

7. 声明信息部分，包括报数机构说明、征信中心标注、信息主体说明。报送机构、征信中心和信息主体作为征信的参与人，对存在争议或需要说明的信息可以在"声明信息部分"进行阐述，解释可能造成信息理解失当的情况，为征信信息的准确性、全面性提供佐证。如表6-7所示，对于被征信对象的一则法律诉讼信息，报数机构、征信中心和企业主体都进行了情况说明，以最大程度准确反映词条信息的具体情况。

表6-7　　　　　　　　　　声明信息明细表

报数机构说明

内容	报送机构	添加日期
该信息主体曾于2009年5月被起诉，法院判决赔偿金额为50000元。	＊＊银行北京分行	2010-10-10

征信中心标注

内容	添加日期
该信息主体于2009-02-18被起诉，法院判决赔偿金额为50000元。	2009-03-18

信息主体声明

内容	添加日期
本企业于2009年5月被环保部门处罚20000元，于6月底将罚款交清。但环保部门未对该数据进行更新。	2009-12-12

（二）征信中心企业征信报告内容组成

从产品和服务来看，征信中心提供基础产品和增值产品两类。其提供的企业征信基础产品是企业信用报告，其主要内容可分解如表6-8所示。

表6-8　　　　　　　　征信中心企业信用报告的主要内容

序号	类别	子类别	具体内容/备注
1	基本信息	身份信息	公司名称、注册地址、登记注册类型、登记注册号
			登记注册日期、有效截止日期、组织机构代码、中征码、税务登记号
		主要出资人信息	出资方名称、证件类型、证件号码、出资占比

序号	类别	子类别	具体内容/备注
1	基本信息	高管人员信息	注册代表人、总经理、财务负责人的职务、姓名、证件类型、证件号码
2	有直接关联关系的其他企业	公司名称、中征码、与被告公司的关系	关系（只展示大类，依次为家族企业、母子公司、投资关联、担保关联、出资人关联、高管人员关联、担保人关联）
3	信息概要	当前负债信息概要	由资产管理公司处置的债务、担保及第三方代偿信息、欠息、垫款、不良和违约类债务、关注类债务、正常类债务的笔数、余额、最后一次处置/还款日期等
		已还清债务信息概要	如上
		对外担保信息概要	保证、抵押和质押的笔数、金额、所担保主业务余额
4	信贷记录明细	当前负债	由资产管理公司处置的债务、担保及第三方代偿信息、欠息、垫款、不良和违约类债务、关注类债务、正常类债务
		已还清债务	由资产管理公司处置的债务、担保及第三方代偿信息、欠息、垫款、贷款、类贷款、贸易融资、保理、票据贴现、银行承兑汇票、信用证、保函
		对外担保记录	担保类型（抵押/质押/保证）、被担保人、证件类型、证件号码、担保币种、担保金额、担保形式
5	公共信息明细	欠税记录	主管税务机关、欠税总额、欠税统计日期
		民事判决记录	立案法院、立案日期、案由、诉讼地位、案号、审判程序、诉讼标的、诉讼标的金额、结案方式、判决/调节生效日期、判决/调节结果
		强制执行记录	执行法院、立案日期、执行案由、案号、申请执行标的、申请执行标的金额、案件状态、结案方式、已执行标的、已执行标的金额
		行政处罚记录	处罚机构、处罚决定书文号、违法行为、处罚日期、处罚决定、处罚金额、处罚执行情况、行政复议结果
		社会保险参保缴费记录	保险类型、参保日期、统计月、缴费基数、缴费状态、累计欠费金额
		住房公积金缴费记录	统计年月、初缴年月、职工人数、缴费基数、最近一次缴费日期、缴至年月、缴费状态、累计欠费金额
		获得许可记录	许可部门、许可类型、许可日期、截止日期、许可内容

续表

序号	类别	子类别	具体内容/备注
5	公共信息明细	获得认证记录	认证部门、认证类型、认证日期、截止日期、认证内容
		获得资质记录	认定部门、资质类型、批准日期、截止日期、资质内容
		获得奖励记录	奖励机构、奖励名称、授予日期、截止日期、奖励事实
		拥有专利记录	专利名称、专利号、申请日期、授予日期、专利有效期
		出入境检验检疫绿色通道记录	批准部门、出口商品名称、生效日期
		进出口商品免检记录	批准部门、免检商品名称、免检号、截止日期
		进出口商品检验分类监管记录	监管部门、管辖直属局、监管级别、生效日期、截止日期
		上市公司或有事项记录	信息更新日期、或有事项
		公用事业缴费记录	公用事业单位名称、信息类型、统计年月、缴费状态、最近一次缴费日期、累计欠费金额
6	声明信息明细	报数机构说明	内容、报送机构名和添加日期
		征信中心标注	内容、添加日期
		信息主体说明	内容、添加日期

征信中心企业信用报告的上述内容，从多个维度、多层类别对企业征信数据进行处理和分析，形成企业征信报告，反映企业的信用情况，以供决策参考之用，体现了主流企业征信报告的逻辑和内容。

同时，除基础商品外，征信中心还提供增值产品和服务，与征信中心提供的个人征信增值产品相比，征信中心提供的企业征信增值产品种类更多，如表6－9所示。

表6－9　　　　　　　　征信中心企业征信增值产品

产品功能与类别	具体内容
关联企业查询	基于企业征信系统借款人基本信息和信贷数据，通过挖掘找出借款人与企业间、借款人与个人间存在着直接或间接或共同控制的经济关系。用户可灵活自行选择关联关系分析条件，可实时获取反映远近亲疏关系的关联企业群的信息；还可根据实际业务掌握的信息，对关联企业关系图谱进行在线修改和下载。

续表

产品功能与类别	具体内容
信贷类汇总数据	依据企业征信系统信息，按照国民经济核算原理，以金融统计核算原则为准则，进行加工、整理，形成银行业信贷业务报表体系和指标体系，以综合反映银行业信贷市场运行特征和状况。
重要信息提示	当本机构某一个"好客户"的信贷交易行为在其他机构出现一笔异常业务即向本机构进行提示。
商业银行信贷组合管理	依据企业征信系统信息，以行业为主线，以图形的形式提供贷款、保理、票据贴现等7项信贷业务，分地区、分行业的市场份额、增长速度、集中度、信贷质量4大类指标，在反映时点（或时段）值的同时反映时间序列变化值。
历史违约率	从定量角度对企业借款人在一定时期内（通常为1年）在整个银行业发生违约行为进行统计，以客观地反映本行客户在全金融机构业务的实际违约情况，包含本行客户在他行发生违约的比率。
信贷资产结构分析	以企业征信系统中的信贷信息和借款人基本信息为基础，反映本机构各信贷业务产品余额、发放额、不良率在信贷市场的集中度、份额，以及在同类型机构中所处的位置的征信汇总数据。查询者可自行组合分行业、分地区、分信贷业务等查询条件，得出相应的全市场集中度、本机构的市场份额和在同类型机构的排名数据，提供的数据既有时点值，又有时期值，同时还提供了时间序列数据。该产品的生产频率为"月"，查询者查询到的是根据上月末加工汇总的数据。

三、商业信用中心征信报告解读

商业信用中心是国内进行商业信用征信和信用等级评价的机构之一，是国务院国有资产监督管理委员会举办、中央机构编制委员会办公室于2002年正式批准设立的中央事业单位。中心的宗旨和业务范围是：为维护社会经济秩序提供企业信用服务，商业企业信用等级规范拟定与信用级别测评、商业企业信用信息采集，商业企业信用理论研究，商业法律、商业信用担保和商业投资咨询，以及商业信用业务培训。商业信用中心除在对各行业企业进行信用等级评价之外，还承担国家信用、相关部委政府机构信用领域规范、标准制定、商业信用理论前沿推进、行业人才培养等任务。

商业信用中心建立了商业行业企业信用信息征集、评价和管理系统，因而其征信报告中有较多的商贸、流通、服务类企业主体，对于了解和分析商业类企业征信报告具有参考意义。

本部分以商业信用中心 2014 年对某行业组织委托的商业类企业的普通简洁版征信报告为例，介绍其结构和内容，具体报告样本见附录 2。

1. 企业基本素质分析。从四个方面分析企业基本情况，包括：企业概述、企业组织结构情况、关联企业情况、企业开户银行信息。通过该部分可以了解企业的工商注册、历史沿革、股权结构、组织架构、产品情况和银行对其的信用评价。值得一提的是，银行对企业作出的信用情况评价对了解企业的信用情况具有重要价值，直接反映了企业的贷款违约情况，是了解企业信用情况的重要信息来源。

一、企业基本素质分析

（一）企业概述

×公司注册成立于 1992 年 7 月，注册资本 14500 万元，法人代表为×。目前，公司现有职工 1100 人，经营场所自有，经营场所面积 5.5 万平方米，2013 年底资产总额 62113.06 万元。

×公司是集购物、餐饮、娱乐、休闲为一体的大型综合性购物中心，2009 年加入×集团，成为旗下控股企业，是×集团在×市场的重要组成部分。

（二）企业组织结构情况

表 6 - 10　　　　　　　　　企业组织结构表

序号	股东名称	股本比例（%）
1	×（法人股东）	55.14
2	×（法人股东）	37.59
3	×（法人股东）	6.2
4	×（法人股东）	1.07

×公司属于国有控股企业，第一大股东为×，持股比例为 55.14%；第二大股东为×，持股比例为 37.59%；第三大股东是×，持股比例为 6.2%。

第一大股东×是一家跨区域、多业态的大型连锁商业企业，×省商贸流通领域重点骨干企业，省政府重点扶持的大型零售集团，多年位于全国百货行业十强。

（三）关联企业情况

根据公司申报，没有关联企业。

（四）企业开户银行信息

×公司开户行为中国银行股份有限公司×支行，被银行授予3A的信用等级。

银行信用是企业整体信用状况的重要组成部分，直接影响企业生产经营中的再融资能力，企业应注重自身的银行信用状况，并参与相关信用评价，保持良好的银行信用评等级记录。

2. 企业经营环境分析。从两个方面分析企业的经营环境，包括：经营状况概述、连锁和加盟企业情况。通过该部分可以了解企业的基本经营数据，了解到企业的扩展和布局情况。

二、企业经营环境分析

（一）经营状况概述

×公司坐落于×市中山西路，主营业务是零售百货，现有员工1100人，经营场所面积5.5万平方米。

2013年底，公司资产总额62113.06万元，实现销售收入64431.60万元，实现利润总额1623.23万元。

（二）连锁、加盟企业情况

公司目前尚无连锁、加盟企业。

3. 企业经营管理水平分析。从三个方面分析企业的经营管理状况，包括：主要负责人情况、管理制度情况和缴费履约投诉情况，主要是从定性角度进行分析。

三、企业经营管理水平分析

（一）企业主要负责人情况

公司主要负责人×，男，57岁，汉族，研究生学历，任公司法定代表人。

×同志无刑事犯罪记录，无重大失信行为和社会不良记录，曾领导的企业无破产记录，曾领导的企业未发生重大安全责任事故，社会信用记录状况优良。现任×公司董事长、×副会长。

×同志个人整体信用状况优良。

（二）管理制度情况

规范性与创新性的企业管理制度是造就成功企业的关键，企业从规章制度编制、员工岗位职责设置和员工操作程序规范等方面都应该建立系统性和专业性相统一的基本准则；并且在企业的发展过程中，制度的规范性是在稳定和动态变化相统一的过程中呈现的，这种稳定周期与动态时期是受企业的行业性质、产业特征、企业人员素质、企业环境、企业家的个人因素、企业的发展战略等相关因素综合影响的。随着综合因素的变化，企业管理制度的动态调整需要企业进行有效的创新，只有这样才能保证企业管理制度具有相对的稳定性、规范性、合理性和科学性。

健全的公司管理制度应该包括公司章程、人事管理制度、财务管理制度、合同管理制度、信用管理制度等，另外对于一些特殊行业，特殊的经营项目需要结合实际的经营情况制定一些特殊的规章制度，所以企业在建立了完善的规章制度后，还必须严格按照规定实施和执行，并且针对具体情况进行适时的调整和创新，不断满足企业正常营运的需要。

×公司未披露相关经营管理制度，公司应重视基本经营管理制度体系的建立，不断提高制度化管理水平，还要做到制度的公开化。

（三）企业缴费履约投诉情况

6-11   **企业履约投诉信息表**

项目名称	资料数据信息
企业经营合同签订和履约情况	公司材料未披露
企业依法缴纳各项税款情况	公司依法缴纳各项税款
企业员工工资发放情况	公司按时发放工资
企业各项社会统筹金缴纳情况	公司足额缴纳社会统筹金
企业还贷履约情况	公司无贷款
企业近年来各种投诉、纠纷和司法投诉处理结果	2013年消费者投诉183件，均已完善处理

×公司依法缴纳各项税款，及时、足额发放员工工资及社会统筹金，积极处理顾客投诉，这表明公司有较好的商业信用和社会信用。

四、财务分析

从六个方面分析企业的财务情况，包括资产结构、成本费用支出、盈利能力、偿债能力、经营效率、发展潜力。该部分主要通过对企业财务数据的多角度、多层次分析，从数据表现、指标状况、横向对比等角度，对企业财务状况作出评价。

（一）资产结构

公司2013年底的资产总额为64431.60万元，其中流动资产占总资产的18.27%，该比例低于行业平均水平，说明公司资产流动性不高，有较大的提升潜力，2013年底的资产负债率为51.20%，与行业平均水平持平，银行再融资空间较大。

2013年与2012年相比，资产总额减少，而固定资产略有减少，资产流动性小幅降低；负债减少，所有者权益略有减少。

（二）成本费用支出

本报告中所涉及的"行业平均水平"均为（全国）商业信用中心数据库数据。

公司2013年的成本为3606.37万元，较2011年增加较多，但成本费用率有所上升，成本费用率为80.86%，高出行业平均水平较多，公司应进一步加强成本控制，压缩费用开支，提高成本控制能力。

（三）盈利能力

公司2013年的销售收入为64431.6万元，较2012年降低了11.76%，销售利润率为1.88%，与2012年持平，总体销售业绩有下降趋势，销售利润率有待进一步提高。

公司2013年资产净利率为1.95%，净资产收益率为3.99%，低于行业平均水平，与2012年的资产净利率1.98%，净资产收益率4.25%基本持平，公司盈利能力略低于行业平均水平，盈利1210.64万元，比2012年1327.25万元出现了一定程度的下滑，公司盈利能力有待提高。

（四）偿债能力

2013年公司的资产负债率为51.20%，较2012年53.45%略有下降，公司偿债压力略有下降，有一定的偿债压力。总体而言，公司的流动性充裕，保障了公司良好的偿债能力，公司流动比率、速度比率较低，短期偿债能力不强。

（五）经营效率

公司无应收账款，其他应收款为4700.20万元，在流动资产中所占的比例为41.42%，公司需进一步加强对其他应收款的管理。

2013年与2012年相比，公司应收账款周转率基本持平，应收账款回收期较短，应收账款周转率高于行业平均水平。公司2013年应付账款周转率与上年持平，低于行业平均水平，表明从上游企业获得信用政策比较宽松，公司应收账款、应付账款管理水平较高。

（六）发展潜力

公司的经营规模和资产规模增长较快，经营发展潜力较大。

2013年公司销售收入略有下降，公司重视应收账款和应付账款管理，总体销售利润率、总资产净利率一般，盈利能力有待进一步提高，建议公司严格控制成本，可适当宽松应收账款管理，提高销售收入，切实提高公司长远发展能力。

五、社会信用状况分析

从三个方面定性角度分析企业的外部信用记录，包括企业公共信用信息状况、企业资质、企业荣誉等方面。

（一）企业公共信用信息状况

企业的信用评价不是单方面的营运评价，也不是短期的指标衡量和片面分析，而是一个长期的全面的综合评述，所以在对企业内部的信用状况综合评价之后，需要从外部对企业的认可度方面进一步判断企业的信用状况和信用能力。企业公共信用信息状况是指国家相关政府部门和行业协会对企业和企业管理者的认可程度。如果一个企业获得多个政府部门的认可，将大大提高企业在商业贸易中的诚信度，企业融资能力也随之增强；如果企业的管理者获得社会相关荣誉，必然对提升企业的信用形象具有积极的正面效应。反之，则企业的信用度下降，对外信用形象受损。因此，企业除了内部债权管理水平和对外偿付管理水平提高外，应有意识地获得相关部门的认可，并有计划地对外宣传

（见表 6-12）。

表 6-12　　　　　　　　企业公共信用信息表

	数据项	资料数据信息
工商记录	"重合同守信用"企业	否
	工商年检不良记录	否
	受过工商处罚	否
税务记录	国税 A 级纳税人	否
	国税有查补税款	否
	国税有行政处罚	否
	地税 A 级纳税人	否
	地税有查补税款	否
	地税有行政处罚	否
公共记录	海关不良记录	否
	环保不良记录	否
	食品卫生不良记录	否
	企业公共事业欠费记录	否
劳动用工记录	拖欠工资记录	否
	未签用工合同记录	否
	社保欠费记录	否
其他记录	投诉记录	是
	信用征询函	无

公司无各种工商、税务、公共事业及劳动用工的不良记录，公司在这些权重较高的定性指标项得分较高。公司总体的社会信用记录状况优良。

（二）企业荣誉状况

2013 年：全国商业服务业顾客满意企业、巾帼文明岗、2012 年度保护消费者权益先进单位。

2012 年：2012 年度全国大型零售企业统计信息工作先进单位一等奖。

6. 综合评价。对企业信用情况作出综合评价，作为对其征信信息的综合分析结论。

六、综合评价

×公司注册成立于 1992 年 7 月，注册资本 14500 万元，法人代表为 ×。

目前，公司现有职工 1100 人，经营场所自有，经营场所面积 5.5 万平方米。2013 年底资产总额 62113.06 万元。

×公司未披露相关经营管理制度，公司应重视基本经营管理制度体系的建立，不断提高制度化管理水平，还要做到制度的公开化。

财务管理方面，2013 年公司销售收入略有下降，公司重视应收账款和应付账款管理，总体销售利润率、总资产净利率一般，盈利能力有待进一步提高，建议公司严格控制成本，可适当宽松应收账款管理，提高销售收入，切实提高公司长远发展能力。

公司的社会信用度较高，在工商、税务、其他监管和公共事业等方面都有较好的评价。公司依法合规经营，在追求经济利益的同时，不断追求社会效益的提升。

公司与上下游企业都建立了良好的信用关系，公司 2013 年的销售业绩略有下降，但前景较好，未来发展潜力较大。公司偿债能力较强，社会整体信用评价较高。

本章小结

在征信报告编制时，商业信用征信机构工作人员必须本着对委托人负责任的态度编制商业信用征信报告，在编制过程中遵守依据事实原则、公正客观原则、审慎性原则、一致性原则、明晰性原则和保证工作进度原则。

商业信用征信报告的编制内容包括基本信息、经营管理要素、财务能力要素、经济景气要素、企业公共记录、银行往来及付款记录等。编制的主要操作步骤包括接受委托、采集数据、核实数据、处理数据、报表分析、量化指标、尽职调查、完成报告、质量检验、产品出库等环节。

在内容上，商业信用征信报告的栏目设置大同小异，一般包括企业基本信息、财务信息、付款记录、银行往来记录、公共记录、经营状况、进出口情况、管理信息、量化指标、历史沿革、特殊项目、核实信息、综合分析等环节。

但商业信用征信报告的模板不是一成不变，报告模板的升级是更好地服务报告用户，赢得市场竞争。在出现如下情况时，可以考虑对报告模板进行升级：掌握了新的信用信息源且使用信用信息源的成本不高、量化指标的技术含量提高或在方法上改进了对授信额度的推荐、主要竞争对手的报告模板升级并在市场上产生正面的响应、完全改变报告的形象或机构经营方式。

　　商业信用征信报告可以提供企业授信决策所需要的信息，各商业信用征信机构出具的征信报告形式上各不相同，但大同小异。

本章要点

- 商业信用征信报告的六大编制原则
- 商业信用征信报告的主要内容模块
- 商业信用征信报告的基本编制方法
- 商业信用征信报告的解读内容
- 不同类型商业信用征信报告的内容组成

本章关键术语

原则　内容　方法　央行征信报告

本章思考题

1. 简述商业信用征信报告的编制原则。

2. 简述商业信用征信报告的基本内容。

3. 试述商业信用征信报告的编制步骤。

4. 试述商业信用征信报告的栏目设置。

5. 如何对商业信用征信报告进行质量检验？

第七章　商业信用征信监管及体制

第一节　商业信用征信监管内容

一、商业信用征信监管内涵

商业信用征信监管是指通过适用征信法规、开展征信监管、实行行业自律等方式，由监管部门对征信机构的行为进行规范，以达到维护征信市场的正常秩序、促进征信业健康稳定发展、保障被征信人的合法权益的目的。

从各国市场经济发展经验来看，征信监管部门通过经济、行政、法律等手段规范征信市场，促使征信机构合法采集和利用信息，加大被征信主体失信成本，促使其从自身长远利益出发，自觉规范自身市场行为，维护信用市场秩序，最终在全社会营造形成诚实守信的氛围，推动社会信用体系建立。商业信用征信监管的目的是保护商业信用活动当事人的合法权益，规范征信机构行为，引导和促进征信业健康发展。

二、商业信用征信监管内容

（一）市场准入

市场准入是获得市场"入场券"和市场竞争资格，对于是否应对商业信用征信机构实行市场准入，存在不同的观点。有学者认为，美国的信用行业发展非常迅速，从来没有任何市场准入，对于不符合市场需求、不具备竞争能力的企业让市场自然淘汰即可，没有必要让监管部门先行审核，监管部门的职责应该是在企业发生违法行为时，进行处罚和制裁。而在多数发展中国家，市场准入几乎是所有行业监管的基本内容。就我国的现状而言，对直接关系到个人、企业经济利益，关系到商业银行经营风险和金融系统安全全局问题及社会经济秩序的征信机构，有必要建立准入制度。根据《征信业管理条例》规定，我国对个人征信机构设置了设立条件和准入标准，对企业征信机构则实行备案管理。

（二）征信机构的经营合规性

对征信机构经营合规性进行监管尤其是业务合规性进行监管是征信行业监管的重点和核心。监管机构以立法形式规定征信机构数据采集的原则或标准、明确数据采集的范围和方式、建立数据信息的保存和更新机制、确立信息保存的时间期限，规定征信机构加工整理后的信用信息对外披露的原则、方式和范围等；监管机构可以采取一些包括惩罚性措施在内的手段（如罚款等），要求征信机构必须遵守法律，如不遵守，可以采取强制惩罚性措施，以促使征信机构改进行为。

（三）信用信息安全性

信息安全的实质是要保护信息系统或信息网络中的信息资源免受各种类型的威胁、干扰和破坏。在世界各国，征信信息均作为国家经济信息安全的管理范围，监管机构对征信机构数据库的安全性以及征信数据的跨国流动均进行严格的检查和监督。许多国家都规定征信机构应采取适当的技术和组织措施对数据库进行保护，监管机构有权决定这些机构应采取的安全措施。

（四）纠纷裁决

当商业信用交易一方发现其信用报告出现错误或被不当使用时，可以向监管机构提出，也可以直接向法院起诉。

第二节　商业信用信息主体权益保护

商业信用征信的信息主体是工商企业，征信过程中坚持商业秘密保护原则，保障信息和数据安全，合法从事商业信用征信活动。

一、国外商业信用数据保护概述

国际上，大多数国家都没有制定专门的数据保护法。少数颁布了数据保护法的国家基本都是在借鉴欧洲国家的相关经验，尤其是受到《欧盟数据保护指引》启发或基于《欧盟数据保护指引》制定本国的数据保护法，以实现最大限度的数据保护。已经颁布数据保护法的国家和地区，不仅包括欧盟成员国或拟加入欧盟的东欧国家，还包括部分拉丁美洲国家和中国香港。数据保护是欧盟相对于美国而言，在标准探索和制定方面较为领先的少数领域之一，其原因之一在于欧盟的数据保护指引在制定过程中有"超越领土原则"的需求和必要。根据该原则，欧洲成员国的个人数据仅向能够实现足够数据保护的国家输出，这些国家不一定要达到欧盟的数据保护水平，只需要认定这些国家在数据保护领域的立法是足够的即可。

欧盟在数据保护方面已经逐步建立了一套适用于所有欧盟成员国的"协调体制"，并逐步成为世界其他国家的样板之一。欧盟的数据保护覆盖公共部门和私营部门，虽然欧盟指引的数据保护水平低于其成员国平均水平，但欧盟整体上仍拥有世界上水平最高的数据保护体制。

美国、澳大利亚和新西兰的数据保护是基于不同的法律，这些不同的法律涉及共同法、案例法、行政管理法和立法权等。总体来看，这些国家的立法基本上都是基于英国的立法传统。这些国家的数据保护体制均认同基本的数据保护权，但需要注意的是，美国的数据保护标准在这些国家中相对较低。此外，上述国家一般都赋予个人以较少的信息财产权，如选择出口的权利、限制数据使用或删除的权利等。

亚洲国家的数据保护情况差别较大，且基本与其他地区（如欧盟）的标准要求差距较大。中国香港率先颁布了数据隐私法（法令），该法也是基于《欧盟数据保护指引》的基本理念。韩国颁布了征信相关的法律，但基本上是被作为市场准入的管理规定。新加坡没有制定一般性的数据保护法，仅在电子商务立法中涉及相关数据保护条款。与欧洲相比，亚洲国家的数据保护水平普遍较低。此外，在韩国和新加坡，金融数据保护主要源自银行业务监管立法。

拉丁美洲部分国家，如巴西、巴拉圭、秘鲁、厄瓜多尔和哥伦比亚，在各自宪法中都体现了所谓的"人身数据保护",如当事人可以获取公共部门或私营部门存储记录的关于其个人的所有信息,这是宪法赋予的权利。拉丁美洲的若干国家都允许个人可以获取征信公司掌握的其信息,并可以对这些信息进行更正,如阿根廷、巴西、哥伦比亚、智利和秘鲁等国家。越来越多的拉丁美洲国家正在将欧盟地区的管理体制,作为效仿和参照的模式。

大多数非洲国家没有数据保护机制,但引入了征信制度,政府更倾向于为征信单独制定管理条例。一些国际性组织正在推动这些国家制定具有行业特征的数据保护法律,以及修订或改变一些银行业务立法。南非是非洲首个在国民信贷法下采用征信管理规定的国家,且制定了数据保护相关规定。

二、商业信用信息数据采集的限制性

(一)信息分类

1. 一般信用信息与敏感信用信息。一般信用信息与敏感信用信息是从一般信息与敏感信息的分类中细化而来的,一般信息和敏感信息在商业信用信息领域即表现为一般信用信息和作为商业秘密的信用信息。

在立法过程中,对法定的敏感信息数据类型的确认,各国不尽相同。参照OECD的《隐私保护和个人数据跨国流通指南》相关规定,征信机构在采集、处理作为商业秘密的商业信用信息时,要满足比在采集、处理一般商业信用信息更严格的要求,这些要求不仅体现在征信机构所负有的保密义务,还体现在工商企业要对作为商业秘密的信用信息征集的绝对同意权等方面。

2. 正面信用信息与负面信用信息。根据美国《公平信用报告法》,负面信用信息是指"与客户相关的迟延还款、迟延付款、无偿还债务能力或其他违约行为",但该法案对何为正面信用信息并没有进行界定。理论上,正面信用信息是指能使信用主体获得信赖与积极评价的信息,而负面信用信息则是与信用主体信用相关的非正面信息,且不限于《公平信用报告法》所描述的违约信息。

对于负面信用信息征集,各国法律均持肯定态度,但对正面信用信息的征集则各国态度不尽一致。美国、英国、德国、意大利、加拿大、智利等国均允许征信机构采集正、负面信用信息,但法国、西班牙、澳大利亚等少数国家却禁止采集正面信用信息。

（二）被征信主体权利

征信业务开展涉及信用记录（报告）、信用调查、信用评分和信用评级等，这些活动都对被征信人的信用利益产生直接影响。商业信用信息和个人信用信息都具有准确性和一定程度的私密性。国外一般通过在立法上赋予被征信人同意权，以保护被征信人权益，且被征信主体在信息采集阶段及信息提供阶段均有同意权。

但征信机构从公开途径（如新闻媒体）采集被征信主体信用信息时，被征信主体不应享有同意权，否则将与信息公开原则及新闻自由相违背。虽然被征信主体在此情形下没有同意权，但为保护其利益，法律赋予了其知情权，同时由征信机构承担相应的保证义务，不得违规从事数据本身交易等商业行为。澳大利亚《联邦隐私权法》规定，信息收集者如果自一般发行的刊物上收集被征信人的相关信息，则需要告知被征信人（或信息本人）收集该信息的目的，并将收集者的身份及获得的收集许可明确告知被征信人。同时，信息收集者应告知信息本人其收集行为是与收集目的相关联，并保证该信息不是陈旧过时的信息，其收集信息的行为并不会泄露隐私，并保证采取相关的合理保护措施。

三、商业信用信息主体权益保护机构

建立专门的商业信用信息争议非诉讼处理机构，是信用信息争议司法前置处理机制的关键环节。如南非《国家信用法》确立的与信贷服务有关的投诉机构包括四类：国家信用管理委员会、有关的行业协会、国家消费者法院、非诉讼纠纷解决机构。信用信息争议处理机构应当是多层次的，就我国的法律体系而言，除法院作为最终的纠纷解决机构之外，征信业监管机构在维护信息主体权益、处理信息争议中也发挥着重要作用。根据国务院授权，中国人民银行作为征信业监管部门，可以接受和处理有关征信业务投诉，以有效保护当事人在征信活动中的合法权益。

目前，中国人民银行受理的征信投诉事项主要包括：当信息主体对异议处理结果存在异议时，可向监管部门提出投诉；当信息主体、征信机构及信息使用机构之间对信息存在争议，信息主体可向监管部门提出投诉；当信息主体认为征信机构、信息使用机构和信息提供机构存在违规行为时，信息主体可向监管部门提出投诉，如征信机构存在未在规定期限内解决异议行为、信息使用机构违规查询使用信用信息、信息提供机构对外提供信息时，未取得信息主体书面授权或履行告知义务等行为时，信息主体均可向监管部门进行投诉；当信息主体认为征信机构、信用信息提供者和信用信息使用者侵害其合法权益的，可以向监管部门进行投诉。

第三节　商业信用征信监管方式

一、公共监督管理

由监管当局对商业信用征信进行监督管理。公共监督管理主要通过以下途径实现：

第一，健全法律法规和政策体系为征信市场运转提供制度保障。公共监督管理部门可以通过提请立法部门制定法律法规，依照法律在职责范围内发布命令、办法等，为征信市场运行建立相应的制度框架。

第二，通过具体的监督管理措施推动征信市场规范运作。公共管理部门通过相应的现场与非现场监管措施发挥监管作用。

（一）征信机构管理

1. 市场准入、退出管理。通过对征信机构的市场准入、退出管理，调节机构的数量和种类，保持适度的市场规模和结构。从准入对象看，征信市场准入可以分为机构准入、业务准入和从业人员准入。机构准入是指从业机构进入市场前需要经过监管当局审批后方能从事相关业务活动。业务准入是指对某种类别的征信业务，征信机构进入征信市场从事该项业务需要得到监管当局的批准。从业人员准入是指征信从业人员执业经过专项培训合格并需获得监管部门认可。

从准入方式看，市场准入通常有发放许可和备案登记两种方式。发放许可通常规定了征信机构的最低准入标准，对经营者的业务状况、财务状况和技术能力进行评估，以确定其是否能够提供安全和高效的征信服务，以及经营者是否具备履行隐私权和消费者权益保护职责的能力。有些国家要求征信机构在监管部门进行备案登记，备案需要提供征信机构的业务状况、财务状况和技术能力等相关信息，以便监管当局掌握情况。

市场退出分为强制退出和主动退出。当征信机构严重违反法律、法规时，管理部门可吊销其征信业务经营许可，或强制解散征信机构。此外，征信机构还可能因经营破产或经营期满，主动退出征信市场。无论是哪一种情况，征信机构都必须妥善处理其征信信息，防止信息泄露或遗失。

2. 业务合规性管理。对征信机构经营合规性尤其是业务合规性进行管理是征信市场管理的重点和核心。征信管理部门依据法律法规建立相应规则，规定征信机构信息采集的原则或标准、明确信息采集的范围和方式、建立信息的保存和更新机制、确立信息保存和展示期限，规定征信机构加工整理后的信用信息对外披露的原则、方式和范围等。征信管理部门可以通过现场和非现场监管，确保征信业务规则得以全面实施。同时，可以采取一些包括惩罚性措施在内的手段（如罚款等），要求征信机构必须遵守相关规定。

（二）信息提供者管理

1. 告知义务管理。多数情况下，征信管理部门依据法律，会要求信息提供者向征信机构提供个人不良信息时，必须告知信息主体，以尽可能地避免由于错误提供不良信息造成对信息主体权益的侵害。对于企业信息，一般不做严格限制。

2. 提示说明义务管理。如果信息提供者采用格式合同，征信管理部门会要求信息提供者在合同中作出足以引起信息主体注意的提示，明确权利义务关系。如果信息提供者没有按照规定履行提示义务，格式合同条款可能会被认定无效。

（三）信息使用者管理

1. 信息使用目的管理。为防止信息滥用或不正当使用影响信用交易的公平竞争，征信监管部门通常会依据法律设定使用目的和范围，征信信息不得用作与信息主体约定之外的其他目的，不得任意向第三方提供。

2. 信息使用范围管理。征信监管部门一般会根据本国市场状况，规范征信信息的使用范围。一般包括：一是限于金融交易活动中的交易对手，既可以是信贷机构又可以是其他金融交易对手，目前世界各国普遍采用此种方式；二是限于会员内部，尤其在会员制征信国家；三是限于公共征信机构与私人征信机构间的信息共享，韩国等个别国家通过立法保障实施；四是限于参与信息共享的特定机构；五是限于特定利益相关方，如欧盟规定基于委托方付费的信用评级报告只能在限定的范围内使用，不得任意扩大；六是限于经信息主体同意后的其他机构。

二、行业自律管理

在市场经济快速发展的背景下，行业自律管理在征信管理中发挥的作用日益扩大。行业自律管理主要通过以下途径实现：

第一，维护公平竞争和市场秩序。从行业整体利益出发，约束会员单位行为，自发实现征信市场的有序发展。

第二，推动行业标准化。行业协会协调各征信机构共同制定征信行业技术、业务和管理标准。

第三，培育征信人才。征信从业人员培训主要依靠行业协会来实现，行业协会的从业资格认定工作也在提高从业人员素质、加强从业人员管理方面发挥了积极的作用。

（一）内容和手段

一是对会员机构的管理。主要内容是组织签订自律公约，督促会员依法、合规经营。协调会员之间、会员与其他市场参与主体和政府之间的关系，代表征信行业向政府提出改善征信市场经营环境的建议。

二是会员征信业务管理。行业自律严格遵守国家有关法律法规，制定严格细致的征信业务程序和制度，推动征信行业规范有序开展业务。

商业信用征信行业自律管理主要依托各项公约、标准，强调自我管理，共同遵守，主要包括：一是制定自律公约，并且通过执行行业标准、行业指导性条款和从业守则来约束不正当竞争行为。二是开展行业自律性监督活动。对征信机构实施行规、行约等情况进行评估，建立自律公约执行情况披露制度。对违反行规行约的会员，予以相应惩罚。三是开展征信从业人员资格认定、行业宣传和对外交流活动。

（二）国外征信行业自律组织

1. 传统协会制

大多数的征信行业自律组织都是传统意义上的协会制，其成员一般是各类征信机构，通过协会这一平台，对内为从业者提供交流的场所和机会，对外则为本行业争取利益。该类型的行业协会一般仅要求成员单位遵守共同的协会公约即可，对成员的日常经营活动约束较少。

美国消费者数据行业协会（CDIA）。1906 年，美国消费者数据行业协会成立，总部在华盛顿。其会员是美国信用报告机构以及地区性消费信用调查报告机构，代表着消费者信用报告、房屋抵押报告、商账催收、支票鉴别、客户检索、雇佣报告等多个种类的征信机构。协会基本目标是提高征信服务产品的质量，保障征信机构提供更好的服务。具体职责包括设立行业标准，为会员提供职业培训，向消费者提供宣传教育材料，并举办年会，参与美国信用管理法律的起草工作。目前美国信用报告机构出具的报告使用的就是该协会设计的标准信用报告格式。

欧洲消费者信用信息供应商协会（ACCIS）。1990 年，欧洲消费者信用信息供应商协会，即欧洲征信协会在都柏林成立。2006 年，欧洲征信协会注册为国际非营利性组织。该协会成员主要包括三类：一是由会员所有的"互助"组织；二是商业营利性公司和政府所有的机构；三是正面信息和负面信息的提供者。除了私营的信贷信息等级机构外，由政府所有的公共信贷信息登记机构也是该协会的会员。

亚太—中东商业信息行业协会（BIIA）。亚太—中东商业信息行业协会于2005 年在中国香港注册成立，会员为商业信息服务机构，主要集中在美国、亚洲、欧洲、中东和非洲。其宗旨是为会员提供中立、公开的论坛，以讨论和解决会员与用户、监管者、政府和公共信息部门之间存在的普遍性问题；通过展示信息对用户和一国经济的价值，促进行业发展；向本行业、用户和大众提供有关标准、趋势、技术发展和政策方面的信息；倡导一个有利于行业发展的法律规制环境；为行业会员提供一个网络平台。

2. 俱乐部制

俱乐部制与协会制不同，其成员一般既包括征信机构，也包括信息提供者和使用者，通过俱乐部这一平台，实现成员单位之间的信息共享，对成员的约束力较强。英国的征信行业自律组织是典型的俱乐部制。

英国信用账户信息共享组织（CAIS）。英国信用账户信息共享组织是由金融机构等主要的信息提供者与征信机构共同建立的一个俱乐部性质的自律组织，拥有成员350多个。该组织的成员共同决定成员间信息共享的方式和类型，任何征信机构若想获得该组织成员的信息，必须首先成为该组织的成员。在CAIS内部，作为成员的征信机构与银行等金融机构不存在任何股权方面的关系。

互惠指导委员会（SCOR）。互惠指导委员会也是英国重要的征信业自律组织之一。互惠指导委员会由英国金融业组建，由银行家协会、融资和租赁协会、按揭贷款委员会、邮购商协会、消费者信用贸易协会、支付清算服务协会、信用服务协会、消费者信用协会的代表以及征信机构代表组成。互惠指导委员会的主要职责是起草、制定相关原则，分发给成员单位，检查有关原则的执行情况，推动信用信息在信贷和营销决策中的规范使用和共享，促进征信知识的广泛传播。

3. 会员制

会员制行业自律组织以日本为典型代表，对会员的约束力最强。日本的三大个人征信机构分别由银行业协会、信用卡产业协会以及全国信用信息联合会等不同的行业协会创办。一家机构必须向行业协会提出书面申请，经审查批准后，才可以取得会员资格。取得会员资格后，必须主动向本协会内的征信机构提供有关信息。换句话说，日本的征信行业自律组织承担了其他国家政府监管的大部分职责。

第四节　商业信用征信监管的国际比较

一、美国的征信监管

（一）监管框架

美国没有设立专门的征信监管机构，与征信相关的监管功能是随着征信业务的发展和有关法律的制定而授权给各个有关部门的。1997 年之前，联邦贸易委员会承担部分征信监管职责，主要是执行保护信息主体的法律法规，阻止可能给信息主体带来的危害行为，对于违规行为采取行政强制执行措施等。1997 年之后，美国征信监管主体又增加了财政部货币监理署、联邦储备体系和联邦存款保险公司，主要负责监管相应领域的信息提供者和信息使用者。国家信用合作社管理办公室、储蓄监督局负责规范和管理其他与征信有关的活动，其管辖范围包括零售企业、提供消费信贷的金融机构、不动产经纪商、汽车经销商、信用卡发行公司等。此外，州政府监管部门在征信监管中也起一定作用，州首席检察官具有州层面对征信机构的执法权。《多德—弗兰克华尔街改革与消费者保护法案》赋予消费者金融保护局对全国性消费者信用报告机构的监管权。

美国信用评级管理由证券交易委员会负责监管，主要对拟成为和已成为"全国认可的统计评级机构"（NRSRO）进行注册、档案管理、财务报告和监管。次贷危机爆发后，美国在美联储体系内又设立了消费者金融保护局，合并了多家机构在金融消费者保护方面的职责，并具有很大的独立性。

行业自律管理在美国征信业监管中作用重大，美国主要由信用报告协会、收账协会等一些行业自律机构承担，主要是开展专业教育，组织从业人员资格考试，制定技术标准，为客户提供商账追收服务，向政府提出修改法律的建议，为有关机构提供决策咨询服务等自律性管理活动。

（二）监管实践

1. 机构管理

美国征信业是典型的商业化运作，征信机构的设立、运作、消亡依靠市场机制完成。征信机构的设立不需要特别审批，政府不做投资或者组织，也不对征信机构实施任何准入许可。同样，美国征信机构的退出也通过市场机制进行。

在评级机构准入管理方面，由美国证券交易委员会进行 NRSRO 资质认可。美国对符合 NRSRO 资质的评级机构认定标准有五个方面，具体包括获得评级使用人认可，拥有足够的人员、资本且结构合理，拥有系统性的评级程序，加强发行人的联系，拥有并坚守内部程序以控制非公开信息的误用。

2008 年以后，美国又要求新申请（含原已申请）该资质的评级机构提供 1 年、3 年和 10 年的评级业务历史变动（含违约）情况。

2. 业务管理

信息采集内容与方式管理。美国认为过度限制信息采集和传播活动，将会抑制经济活动，因此，大部分信息如果信息主体没有明确禁止对其信息进行采集，均视为同意采集其信息。有些信息只有在获得信息主体同意的情况下才能采集，如未经授权征信机构不得采集支票账户、储蓄账户、证券账户信息、保险单、收入、信用卡授信额度以及拖欠税款等信息。

美国采取了自愿的信息采集方式，自愿的基础是信息提供者认为提供信息符合他们的利益，而征信机构通过契约的形式进行信息采集，采集方式即属合法。

信息保存和展示期限管理。美国对信息展示期限有着明确的规定，征信机构可以无限期保留信息主体的信用记录，但信用报告中所含信息的期限受到限制。

产品质量管理。美国规定应合法采集信息，同类信息的采集都以统一的格式进行，采取统一的数据代码、统一的模式，这就意味着所有同类信息规格相同，可以互相对比，有统一的数据格式。美国对评级、评分等征信产品质量管理较为严格，规定评级应保持独立性和避免利益冲突，美国证券交易委员会对已获资质的评级机构进行持续的监控，每年至少对每家已获资质的评级机构检查一次并就发现的问题发布年度报告。为了开展审查，美国证券交易委员会要求评级机构记录评级行动、最终评级结果等内容。

产品异议管理。信息主体有权向征信机构就信用报告中的信息提出异议并纠正，且所有有关的争议必须在 30 个工作日内解决。为确保异议及时发现和消除，美国规定信息主体有权每年获得一次免费的信用报告，失业的信息主体可以一年一次从区域性的征信机构获得一份免费的信用报告，以作为从每个全国性征信机构获得的信用报告的补充。

信息披露管理。征信机构应信息主体要求，向其提供信息使用者的名称和地址。若信用报告中的条款发生变化或被删除，全国性征信机构必须通过联合通告系统互相告知。

当发生身份盗用事件时，全国性征信机构应就此问题相互通知，指导信息主体进行投诉，并向其他全国性征信机构提出信息限用要求或预警。在美国，评级机构要披露它们的历史交易信息、评级的表现、有关评级发布后监控流程等信息。

信息安全管理。征信机构必须投资适当的软件和技术系统在美国已经成为信息安全的共识。监管部门还要求加强征信机构内部人员的管理，如采取措施来限制能够使用电脑终端的人，要保证数据的录入和使用的正确性和安全性，要求征信机构采取适当的安全性措施来保护数据安全。美国对征信机构内部管理制度的要求十分严格，如建立数据库管理制度、保密制度、纠错机制、争议处理机制等。这些内部管理的监管比较强调自律。美国还要求通过信息披露加强安全保护措施，各征信机构必须建立信用报告查询记录系统，对信用报告使用者及其使用目的进行记录。

信息跨境转移管理。在美国，允许符合"适当保护条件"的机构实施跨境转移。如果实施跨境转移，必须加入安全港系统，这是一个自律机制，机构必须接受联邦贸易委员会的管辖，每年提交一次遵守安全港系统规则的证明，包括告知、选择、转移、获取、安全、数据完整性和强制7项规则，且必须愿意服从相关的争端解决和执行机制。

信用评级管理。根据《信用评级机构改革法案》要求和《多德—弗兰克华尔街改革与消费者保护法案》的规定，美国证券交易委员会须定期就NRSRO制度下注册的评级机构的业务开展、行业竞争以及合规情况进行管理，形成NRSRO年度报告和NRSRO年度检查两份报告，总结NRSRO机构的发展情况，查找监管漏洞，促进立法进程，通报评级机构整改情况等。

（三）信息提供者管理

1. 信息提供告知管理。对于信息提供，美国采取默视同意的原则，一般不给予信息主体选择入口的权利。信息提供者向征信机构提供信息时，需要告知信息主体，如果信息主体30个工作日内没有表示不同意，则可视为同意。

2. 信息提供内容管理。除敏感信息外的其他信息都可以提供并由征信机构采集，这些禁止采集的敏感信息，开始只包括性别和婚姻状况，后来又增加了思想、种族、肤色、政治倾向、宗教信仰、原国籍、犯罪嫌疑、刑事判决及逮捕等信息。

3. 信息提供异议管理。信息主体有权直接向信息提供者而不是征信机构提出争议，在争议信息进行重新调查后，信息主体有权获得调查结果，如果对重新调查结果不满意，信息主体可在争议信息上附一份不超过100字的声明。信息提供者在30天内进行核查，更正、更新和重新报送数据，同时必须就已报送的更正数据通知所有的征信机构。

4. 信息提供质量管理。信息提供者必须遵循合理的规范来保证信息的准确性，但对于信息准确性没有强制性要求。

（四）信息使用者管理

1. 信息使用告知管理。不论是信息使用者还是征信机构基于许可目的时均没有告知义务，也不要求信息主体的明确同意。但是，基于信用报告而拒绝贷款、就业或其他服务，必须告知信息主体。

2. 信息使用目的管理。只有符合规定目的的机构和个人才能使用信用报告。如在金融机构有意向为信息主体提供征信产品或保险公司有意向为信息主体提供保险产品时，才可以使用信息，以营销为目的的其他用途不是由信息主体发起的交易，不得未经授权使用信用报告。

3. 信息使用范围管理。只有符合规定条件的机构和个人才能使用信用报告。信息使用者想要与其附属机构共享信息，则必须通知信息主体。

二、德国的征信监管

（一）基本监管框架

公共征信机构由德意志联邦银行即德国中央银行监管，其职责是指导公共征信机构的运行、维护，对信息提供、采集、加工、保存、使用等进行监督管理。在私营征信领域，联邦数据保护专员负责处理侵害信息主体权利的行为。各州设立地方数据保护执行机构，对掌握个人数据的征信机构进行监督和指导。信用评级管理，由银行监管部门按照《巴塞尔新资本协议》等有关要求进行监管，并遵循欧盟信用评级监管规定。在行业自律管理上，德国的私营征信机构也加入了欧洲征信协会等国际征信自律组织，接受其管理。

（二）管理实践

1. 机构管理

除评级机构外设立其他征信机构不需要征信监管部门许可。对于评级机构的市场准入，监管部门按照《巴塞尔新资本协议》要求对信用评级机构进行资质认可，如果一家评级机构被欧盟认定，德国也会自动认定。征信机构市场退出不需要政府部门审批，但征信机构必须按照监管部门的规定，妥善做好市场退出后的信息保护工作。

2. 业务管理

信息采集内容管理。德国的公共征信机构采集基本信息和正面的信贷数据，包括信息主体的姓名、地址、报告机构、企业所有权、信贷交易等。私营征信机构信息采集方面，个人正面信息的采集必须获得信息主体的书面授权，而对个人负面信息采集，征信监管部门不作限制。

德国对企业信息的采集没有限制性规定。信息主体有权了解征信机构收集、保存的本人信用资料。禁止在信用报告中展示个人收入、银行存款、生活方式和消费习惯等信息。

信息保存和展示期限管理。德国规定个人违约或债务未清偿的记录保存5年，破产记录保存30年。禁止在信用报告中展示超过法定记录期限的公共信息中的负面信息。

产品质量管理。对于登记类征信机构，德国没有明确的质量管理要求，但要求该国公共征信机构检查企业资产负债表系统信息的真实性。

信息披露管理。德国公共征信系统向信息使用者提供征信报告时，只披露借款人在某一时点的借款总额、借款类型、涉及的银行数等信息，不披露具体的授信银行。

产品异议管理。德国规定信息主体有权了解征信机构采集、保存的本人信用信息。征信机构要将查询记录和目的告知信息主体，而信息主体有权获得信息并进行更正。只有在征得信息主体同意的情况下，信息处理者才能对不正确的信息进行修改，但信息用于科学研究、证据的除外。

信息安全管理。德国规定征信机构及其工作人员应承诺保守秘密，并且此项承诺在其工作终止后仍然有效。

信息跨境转移管理。德国对数据跨境流动做了明确规定，要求只有符合以下两种情况之一的才能传递：当德国与其他国家有协议时，依协议规定进行，如服从欧盟内部数据流转规定等；必须在业务上必要、基于数据主体利益且不违法，数据传输单位要对信息予以审查，并对传递的合法性负责。

3. 信息提供者管理

信息提供告知管理。信贷机构等信息提供者向征信机构提供信息时应告知信息主体并征得其同意。信息提供者应告知信息主体信息被收集和存储的事实、信息控制者的名称和信息收集、处理和使用目的等。

信息提供内容管理。德国规定向公共征信机构报送的数据应包括在报告日之前的三年里负债额超过 300 万马克的全部借款人的信息。此外，在《欧盟数据保护指引》引入后，对特殊种类的个人数据提供有明确的限制性要求，包括种族、民族、政见、宗教信仰、党派、健康或性生活的信息。

信息提供质量管理。德国仅对强制报送信息的提供人提出了质量要求，对于以契约方式提供的，基本不对其进行管理。

4. 信息使用者管理

信息使用告知管理。德国制定了比《欧盟数据保护指令》中要求的更严格的隐私权保护规则，将信息使用限定于特定目的，除特定目的外必须经过信息主体的同意或书面授权。

信息使用目的管理。德国对信息使用者根据使用目的的不同作了限制，如信用卡公司、银行和租赁公司可以从征信机构获取全部正面和负面信息，贸易、邮购、电信、保险等公司只能从征信机构获取负面信息。

信息使用范围管理。公共征信系统除为中央银行进行金融监管和执行货币政策服务外，仅为商业银行控制信贷风险服务。对于私营征信机构，德国没有使用范围方面的规定。

三、日本的征信监管

（一）监管框架

日本的政府监管的力度较其他国家来说相对弱化，行业协会自律组织对会员有很强的约束力。对评级机构的管理则由日本金融服务局负责。

（二）管理实践

1. 机构管理方面

在日本，征信机构没有市场准入的要求。评级机构由日本金融服务局监管，实行注册管理制度。

2. 业务管理方面

日本征信机构可多渠道采集企业信息。采集个人信息主要包括三个方面：客户基本情况、贷款情况以及违约记录。信息保存展示期限和产品异议管理。日本的个人信用信息的登记存续期限一般只有 5 年（票据拒付信息只能保留 6 个月），不良信用记录要保留 5～7 年。信息主体有权向征信机构随时查询所登录的本人信用信息，如发现与事实不符，可提出异议。

3. 信息提供者管理方面

日本不对信息提供者进行直接管理，但从 2006 年开始，日本行业协会自律组织要求指定的征信机构之间交流借款余额信息。

4. 信息使用者管理方面

一是能够从征信机构查询信息的只有会员单位、信息主体以及其他系统的征信机构。会员单位只能将获得的信用信息用于对信息主体的相关业务，不得向第三者泄露或擅自公开。二是行业协会为会员提供个人和企业的信用信息互换平台，通过内部信用信息共享机制实现征集和使用信用信息的目的。一方面，协会会员向平台义务提供掌握的个人或者企业的信用信息；另一方面，平台仅限于向协会会员提供信用信息查询服务。

第五节　我国的商业信用征信监管体系

一、征信监管机构

（一）全国性管理部门

2003 年，国务院赋予中国人民银行"管理信贷征信业，推动建立社会信用体系"职责。2003 年 10 月，中国人民银行设立征信管理局，履行国务院赋予的职责。2004 年，中国人民银行建成全国集中统一的个人信用信息基础数据库。2005 年，银行信贷登记咨询系统升级为全国集中统一的企业信用信息基础数据库。2006 年，人民银行征信中心成立。2007 年 4 月，中国人民银行征信中心与征信管理局正式分设。同月，国务院发布《关于建立国务院社会信用体系建设部际联席会议制度的通知》，提出该会议负责统筹协调社会信用体系建设工作，联席会议办公室设在国务院办公厅。2008 年，国务院将央行征信管理职责调整为"管理征信业"，后者牵头社会信用体系建设部际联席会议。2012 年 7 月，国务院发布《关于同意调整社会信用体系建设部际联席会议职责和成员单位的批复》，同意发展改革委与人民银行共同担任牵头单位，联席会议办公室改设在发展改革委、人民银行。

2013 年 3 月，《征信业管理条例》正式实施，明确了人民银行"征信业监督管理部门"的地位。《征信业管理条例》以法律形式明确了中国人民银行及其派出机构依法对征信业进行监督管理，为中国人民银行依法履职提供了完善的法制基础。

《征信业管理条例》明确中国人民银行及其派出机构是征信业监督管理部门，依法履行对征信业和金融信用信息基础数据库运行机构的监督管理职责：一是制定征信业管理的规章制度；二是管理征信机构的市场准入与退出，审批从事个人征信业务的机构，接受从事企业征信业务的征信机构的备案，定期向社会公告征信机构名单；三是对征信业务活动进行常规管理；四是对征信机构、金融信用信息基础数据库运行机构以及向金融信用信息基础数据库报送或者查询信息的机构遵守《征信业管理条例》及有关规章制度的情况进行检查，对违法行为进行处罚；五是处理信息主体提出的投诉。

（二）地方性管理部门

目前，只有上海市等少数地方政府专门设立了征信管理办公室。

二、征信监管内容

（一）商业信用征信机构管理

根据《征信业管理条例》，我国对从事个人征信业务的机构和从事企业征信业务的机构实行分类监管：对经营个人征信业务的征信机构，实行严格的机构准入管理，即通过对征信机构的许可制管理和严格的日常监管，保护个人信息主体的合法权益；对经营企业征信业务的征信机构，实行较为宽松的监管，即采取备案制管理，通过相对低的行业准入门槛，吸引更多的投资和人员从事征信行业，并通过征信机构之间的竞争，提高服务质量和水平，实现企业征信业务的快速、健康发展。

对于商业信用征信业务，应重在促进信用信息的开放透明，而不应作过多限制性规定，主要市场经济国家对企业征信机构也基本不作专门的规定，为此，我国对从事企业征信业务的征信机构的设立适用一般企业设立的规定，不另行设置前置审批。

《征信业管理条例》与《征信机构管理办法》规定，设立企业征信机构，应当符合《中华人民共和国公司法》规定的公司设立条件，自公司登记机关准予登记之日起30日内向所在地的中国人民银行省会（首府）城市中心支行以上分支机构办理备案。从事企业征信业务的征信机构办理备案，应当提供的材料包括：企业征信机构备案表；营业执照复印件；股权结构说明，包括资本、股东名单及其出资额或者所持股份；组织机构设置以及人员基本构成说明；业务范围和业务规则基本情况报告；业务系统的基本情况，包括企业信用信息系统建设情况报告和具有国家信息安全等级保护测评资质的机构出具的企业信用信息系统安全测评报告；信息安全和风险防范措施，包括已经建立的内控制度和安全管理制度。

从事企业征信业务的征信机构上述备案事项发生变更的，应当自公司登记机构准予变更之日起30日内向原备案部门办理变更备案。

从事企业征信业务的征信机构，在发生解散或者被依法宣告破产等情形，需要退出征信市场的，均应向监管部门报告，并妥善处理信息数据库，保证信用信息安全。信息数据库的处理方式包括：与其他征信机构约定并经监管部门同意，转让给其他征信机构；不能按前项规定转让的，移交给监管部门指定的征信机构；不能按前两项规定转让、移交的，在监管部门的监督下销毁。

（二）商业信用征信业务管理

1. 信用信息征集业务规则。我国《征信业管理条例》主要对收集个人信用信息进行规定，对收集企业信用信息未设置过多要求。

在信用信息征集的范围和内容方面，监管部门对信息征集的范围和内容进行规定和限制，重点是明确征集信息的法律禁止事项，包括禁止征集和限制征集的内容。《征信业管理条例》规定征信机构不得采集法律、行政法规禁止采集的企业信息。

在信用信息征集程序方面，监管部门会考虑信用信息的征集是否需要经过信息主体同意。《征信业管理条例》规定，征信机构可以通过信息主体、企业交易对方、行业协会提供信息，政府有关部门依法已公开的信息，人民法院依法公布的判决、裁定等渠道，采集企业信息。征信机构不得采集法律、行政法规禁止采集的企业信息。

在征信机构负面信息的保留期限方面，监管部门往往会作出相应规定和要求。《征信业管理条例》中规定，在不良信息保存期限内，信息主体可以对不良信息作出说明，征信机构应当予以记载。不良信息，是指对信息主体信用状况构成负面影响的下列信息：信息主体在借贷、赊购、担保、租赁、保险、使用信用卡等活动中未按照合同履行义务的信息，对信息主体的行政处罚信息，人民法院判决或者裁定信息主体履行义务以及强制执行的信息，以及国务院征信业监督管理部门规定的其他不良信息。在实际征信业务中，根据数据存储、使用、信用修复的情况，不良信息一般保留三至五年。

2. 信用信息使用业务规则。在信息使用环节，监管部门对征信业务的管理主要集中在征信机构信息使用的目的、范围以及信息使用的安全性方面。《征信业管理条例》规定，信息主体可以向征信机构查询自身信息。

对信用信息使用安全性的管理。信息使用的安全性主要是指征信机构开展征信业务时，应符合国家信息安全和保密要求。具体而言，一是征信机构应当按照国务院征信业监督管理部门的规定，建立健全和严格执行保障信息安全的规章制度，并采取有效技术措施保障信息安全。二是征信机构在中国境内采集的信息的整理、保存和加工，应当在中国境内进行。征信机构向境外组织或者个人提供信息，应当遵守法律、行政法规和国务院征信业监督管理部门的有关规定。三是征信机构应当对其工作人员查询个人信息的权限和程序作出明确规定，工作人员不得违反规定的权限和程序查询信息，不得泄露工作中获取的信息。

3. 信息报送机构业务要求。目前，我国从事信息报送业务的机构主要是公共信用信息部门和金融机构。对于信息报送业务的管理要求主要包括：一是从事信贷业务的机构向金融信用信息基础数据库或者其他主体提供信贷信息，应当事先取得信息主体的书面同意。二是征信机构应当按照国家信息安全保护等级测评标准，对信用信息系统的安全情况进行测评。三是在发生异议信息时，及时进行异议处理，保证数据质量。四是金融机构要对业务操作系统中数据的查询、上报征信机构数据文件等敏感操作建立登记制度，同时明确信息报送人员的职责及操作规程，保证信用信息的安全。五是制定有关信用信息报送、查询、使用、异议处理、安全管理等方面的内部管理制度和操作规程，并报送监管部门备案。其他信息提供者在信息报送业务中，也要遵循信息征集范围、征集程序、安全管理、信息准确等监管要求。

（三）从业人员培训和管理

监管部门统一制定征信机构专职业务人员执业资格考试办法，由征信业专门机构组织实施。征信业机构负责征信从业人员执业资格的确认、检查、变更和注销等事宜，并建立征信从业人员资格管理信息系统，进行执业资格公示和注册登记管理。通过征信从业人员资格考试、在征信机构从事征信业务的，应由本人通过所在征信机构向征信业机构提出执业资格证书申请。征信机构不得任用未取得执业资格证书的人员从事征信业务，个人和征信机构不得在办理执业资格证书申请过程中弄虚作假。

三、征信自律管理

（一）自律管理内容

征信业协会是行业自律管理的重要抓手。我国目前还缺乏类似美国的征信业自律组织和自律机制，不利于行业参与者执业水平的提高、执业纪律的规范、行业职业技术标准的统一和防范恶性竞争。根据我国行业协会设立的有关规定，设立行业协会首先应当得到行业主管部门和协会业务主管部门的批准。近年来，中国人民银行作为征信行业的管理机构，首先，在推动征信业协会建立方面做了很多努力。其次，由于行业协会以行业服务、行业自律、行业代表和行业协调为基本职能，因此，行业协会的设立更注重行业的自发功能。主要表现在：一是由行业同业企业及其他经济组织发起组建，发起人一般由了解国家有关法规和政策、熟悉行业情况、有足够行业号召力和影响力的行业企业担任；二是拟成立的行业协会应有行业代表性、发起人和其他参加会员应当达到或承诺在近年内达到同业组织数量或同业销售额的一定比例。要设立行业协会，必须由获得行业普遍认同、社会公信力较高的多家征信机构作为发起人，并号召同业企业共同参与组建。最后，要依法拟定行业协会章程，规范行业协会的宗旨、职能、组织、管理和运作等行为。在协会通过章程后，产生机构、负责人、法定代表人，并履行行业协会在信息交流、参与决策、行业自律、人员培训、资格认定等方面的功能。我国征信行业协会的设立，既离不开监管部门的组织推动，更需要征信机构的组织发起。

征信行业协会设立后，将在以下方面发挥功能：一是代表行业企业参与有关行业发展、行业改革、与行业有关利益相关的政府决策论证；二是参与征信服务与标准的制定；三是组织行业培训、技术咨询、信息交流和产品推介等活动；四是监督协调会员机构规范经营，合理收费，维护公平竞争的市场秩序；五是开展国际交流与研究；六是根据监管部门授权，开展从业人员资格考试和认证工作，提高征信从业人员素质。

（二）代表性行业协会

1. 上海市信用服务行业协会

上海市信用服务行业协会成立于 2005 年 6 月，为上海市从事信用服务的同业企业及其他经济组织自愿组成的跨部门、跨所有制的非营利行业性社会团体法人。协会业务范围涵盖了信用管理咨询和培训、信用调查、资信评估、商账追收、信用担保、信用保险、保理等领域。协会的业务范围是：行业调研规划、标准制定、学术研究、信息交流、咨询服务、培训及从业人员资质认定。协会通过互联网网站、《工作简报》等形式与社会各界沟通联系、发布信息。

2. 北京市征信机构总经理联席会

北京是全国企业征信机构备案最多的区域，对企业征信行业管理提出了较高的要求。2014 年 9 月，为了落实《征信业管理条例》，发挥好征信行业自律组织的积极作用，在中国人民银行营业管理部的推动下，北京市征信机构总经理联席会议正式成立，会议确定了首批 20 家征信机构为会员单位，制定有《北京市征信机构自律公约》。

3. 浙江省企业信用促进会

浙江省企业信用促进会成立于 2004 年，由浙江省内崇尚诚实信用并以此为行为准则的企业自愿组成，经社团登记管理机关核准注册，是具有法人资格的非营利性社会团体。促进会的成立，旨在加强企业信用自律与保护，促进社会信用体系建设和经济发展，引导企业诚信守约。通过为会员企业提供信用管理人员培训、企业资信调查、信用查询、信用评估、法律咨询、诉讼代理等工作积极发挥桥梁和纽带作用，逐步成为维护市场经济秩序的重要社会力量。

本章小结

商业信用征信监管是指通过适用征信法规、开展征信监管、实行行业自律等方式，由监管部门对征信机构的行为进行规范，以达到维护征信市场的正常秩序，促进征信业健康稳定发展，保障被征信人的合法权益的目的，包括市场准入、机构经营合规性、信用信息安全和纠纷裁决等具体监管内容。

要注重对信息主体的权益保护，商业信用征信的信息主体是工商企业，征信过程中要坚持商业秘密保护原则，保障信息和数据安全，遵守隐私和商业秘密保护原则，合法从事商业信用征信活动。国际上大多数国家没有数据保护法。但颁布了这类法律的国家一般借鉴欧洲模式，简单的理由是保证得到足够的数据保护。

征信业监管机构在维护信息主体权益、处理信息争议中发挥着重要作用。根据国务院授权，中国人民银行作为征信业监管部门，可以接受和处理有关征信业务投诉，以有效保护当事人在征信活动中的合法权益。

在管理方式上，商业信用征信管理有公共监督管理和行业自律管理两种主要方式，前者主要通过健全法律法规和政策体系为征信市场运转提供制度保障，以及以具体的监督管理措施推动征信市场规范运作来实现，后者主要通过维护公平竞争和市场秩序、推动行业标准化和培育征信人才等方式实现。

中国人民银行及其派出机构是征信业监督管理部门，履行监督管理职责，包括制定征信业管理的规章制度、管理征信机构的市场准入与退出、对征信业务活动进行常规管理、对征信机构等遵守有关规章制度的情况进行检查、对违法行为进行处罚、处理信息主体提出的投诉等。

本章要点

- 商业信用征信监管内容的要点
- 各国商业信用征信数据保护的共性特点
- 商业信用数据采集中的限制性要求
- 商业信用征信监管方式的类型与特点
- 我国商业信用征信监管体系的特点

本章关键术语

征信监管 信息主体权益 公共监督 行业自律 征信监管机构

本章思考题

1. 简述商业信用征信监管的主要内容。
2. 如何理解对商业信用征信信息主体的权益保护？
3. 试述商业信用征信管理的主要方式。
4. 试比较主要国家商业信用征信监管的特点。
5. 试述我国商业信用征信监管的主要内容。

第八章　我国商业信用征信发展趋势

第一节　大数据与商业信用征信发展

一、大数据

（一）大数据概念

大数据（Big Data）的概念比较抽象，麦肯锡全球研究所给出的定义是：一种规模大到在获取、存储、管理、分析方面大大超出了传统数据库软件工具能力范围的数据集合，具有海量的数据规模、快速的数据流转、多样的数据类型和价值密度低四大特征。研究机构 Gartner 给出的定义指出："大数据"是需要新处理模式才能具有更强的决策力、洞察发现力和流程优化能力来适应海量、高增长率和多样化的信息资产。在特征方面，大数据的特点可以用"5V+1C"来概括：海量（Volume）、快速（Velocity）、多样化（Variety）、灵活（Vitality）、价值（Value）和复杂性（Complexity）。美国泽斯塔（Zest Finance）金融公司的创始人和首席执行官梅里尔先生指出，"数据多"并不是"大数据"，能够利用先进的信息技术将碎片化的信息整合起来才能形成真正有用的大数据。大数据从源到流到汇聚应用，包含数据入口、数据融合处理、数据应用三个维度和过程，这三个维度又分别对应数据资产类领域、数据融合与处理领域、数据应用领域。

（二）大数据的影响与发展趋势

过去几年，对大数据的重视程度不断提高，几乎每个领域的专家都称其为革命性的发展。然而，对于大数据时代产生的影响，各方存在争议，大数据时代最本质的变化就是多了一个与现实世界相对应的由各种数据组成的动态虚拟世界。同时，虚拟世界与现实世界的对应程度取决于科学技术的不断发展。两个世界的并存和相互作用将改变生活的方方面面，促使政治、经济、文化等各个领域出现划时代的变革。随着大数据技术的成熟，大数据已经广泛应用于商业、通信、医疗、金融等领域，给各行各业带来了巨大的价值。以美国为例，美国是全球大数据产业的发源地和产业中心，当前其经济正在朝着数据密集型经济和以数据为中心的经济转型，大数据已进入大规模商用阶段。

（三）大数据带来的金融变革

随着计算机技术和互联网技术的发展，金融行业的数据采集能力逐步提高，存储了大量时间连续、动态变化的金融数据。相比于其他行业，大数据对金融业更具有潜在价值。麦肯锡的研究表明，金融业在大数据潜力指数中排名第一。伴随着大数据的应用、技术革新以及商业模式的创新，金融交易形式日趋电子化和数字化，具体表现为支付电子化、渠道网络化、信用数字化，运营效率得到极大提升。银行、保险、证券等传统金融行业迎来了巨大变革。

1. 大数据带来银行业变革，近几年大数据高速发展，使得银行业的客户数据、交易数据、管理数据等均呈现爆炸式增长。中国银联公开数据显示全国仅"银联"银行卡的发行量目前就接近 4 亿张，每天有近 600 亿元的交易通过银联的银行卡进行，如果再加上开户信息数据、银行网点和在线交易的各种数据，以及金融系统自身运营的数据，目前国内银行每年上升的数据能达到数十 PB。数据海量增长为银行业带来了机遇和挑战，其服务与管理模式已逐步发生改变。

2. 大数据带来保险业大变革，大数据与保险业具有天然的关联性。保险经营的核心基础是大数法则，如保险生命表就是以十万人为组来进行测算的。无论是财产保险的概率事件，还是寿险的概率生命期，都是由大量数据分析获得的规律。长期以来，保险业通过上门、柜面、信函、电话、短信、微信等多种方式已经积累了大量的客户交互数据。近年来兴起的互联网保险也成为保险业收集数据的新平台。据统计，国内大型保险公司每年新增的数据量达到 PB级。在全球保险大数据应用市场中，主要领域包括客户行为分析、承保定价、互联网数据分析、市场渠道分析、风险建模、预测分析、商业决策、欺诈侦测等。

3. 大数据带来证券业大变革，随着 A 股市场全面放开一人一户限制，证券经营牌照将会向互联网公司放开，面对居民财富迅速增长和其对理财产品多样化的需求，证券公司受到来自行业内外部的双重压力，当前他们正在进行业务转型。传统 IT 基础设施环境已经无法满足证券公司对转型和创新战略的要求。随着大数据时代的到来，对于证券公司，数据驱动的创新平台的建设为即将到来的业务差异化竞争提供了强有力的技术支持，相比于银行业和保险业，证券行业的大数据应用相对较晚，正处于起步阶段，目前大数据主要应用于个性化服务、量化投资和股价预测。

4. 互联网金融中大数据的应用，近几年，互联网金融迅速发展，并不断出现新的模式和应用，但其本质还是属于金融范畴。互联网金融自然产生大数据，它是大数据应用最为广泛的领域。其核心是数据，互联网金融业竞争力的强弱未来将取决于数据的规模、数据的有效性、数据的真实性、数据的分析和应用的能力。其中，大数据技术是互联网金融的重要技术支撑。人们在网上活动的信息都会形成数据，运用大数据技术对数据进行收集、整理、挖掘、分析和深度应用，从而实现互联网金融产品、技术、营销和风险的创新管理。目前，互联网金融的大数据应用包括精准营销、风险管理、信用评价等。互联网金融方兴未艾，相信还会不断出现新的应用。

二、大数据与征信

传统征信包括线下的金融征信体系、社会征信体系、商业征信体系以及线上某一层级数据的单一分析的 IT 征信。而大数据征信数据来源更广泛，不仅包括上述征信体系，还包括利用互联网手段工具挖掘的电子商务、社交、网络行为等特征信息。随着社会经济的飞速发展，征信业所收集、存储、处理的信息数据量呈现爆炸式增长，其必然也会进入大数据时代。在大数据时代，大数据思想和技术以其自身的优势必将为征信业提供新的发展机遇，为征信数据、数据采集、征信服务、征信产品等带来一系列变革。

（一）征信信息共享

互联网技术的运用产生了海量的数据，但是大数据并不在于数据量够大，而是需要完整、有价值的数据。这就需要各个企业之间，尤其是这些掌握大量数据的企业之间相互开放，相互共享。否则，无论数据量有多大都是不完整的，都不足以构建好互联网上的信用评级和金融体系。从这个角度来讲，互联网企业应该完善目前各自独立的信用体系，用开放、共享的互联精神取得合作共赢，只有这样，互联网征信行业才会有颠覆性的长足发展。

如果把数据比喻成某种资产，在割据状态下，每个数据上都是一座座孤立的小岛。数据割据、数据孤岛和数据质量成为大数据时代发展的主要障碍，它们既是统一的整体，又可以在某些阶段单独呈现。

数据割据——由于制度、部门保护主义或者小团体利益等人为因素造成的数据分散的形象。

数据孤岛——由于技术差距和遗留问题等形式的数据分散与无法集中共联的现象。

数据质量——主要包括数据的真实性、完整性和一致性。数据质量的好坏直接影响着"数据资产"的价值，但提高数据质量绝不是一蹴而就，需要各方面的综合提升，比如技术、制度、文化等多领域的努力。

大数据并不是存在于某一个部门之中，它发挥作用也不是某一个单独的部门可以实现的，因此需要政府从横向和纵向开放共享数据。同时解决数据割据和数据孤岛问题，提升系统建设的能力和规划。

（二）征信信息处理技术

1. 大数据采集技术

大数据征信运用大数据技术采集多源数据，除了传统银行征信体系的决策因素以外，还包括授信对象信用状况的其他因素，如社会关系、行为数据、地址信息等，从深度和广度上尽可能挖掘授信对象的信用信息。创新、多元的数据来源是大数据征信的评估基础。大数据征信的数据来源十分丰富，除了传统银行征信主要考量的结构化数据以外，还包括大量的半结构化数据和非结构化数据，如借款人的典当行记录、房租缴纳记录、调查问卷记录、网络行为信息等。与传统金融机构仅用 15 ~ 20 项数据的评分卡相比，大数据征信的数据获取渠道更广。除社交数据之外，大数据征信公司充分挖掘多种原始数据的价值，甚至将借贷主体的输入方式、网站停留时间等极边缘的信息作为信用评价的考量因素。

大数据征信的数据来源非常多元化。首先，大数据征信最基础的数据来源于第三方合作伙伴提供的数据，既包括银行和信用卡等传统结构化数据，也包括电子支付、司法记录等非结构化数据；其次是用户授权的数据，如电费、话费、调查问卷记录等；最后是来自互联网上的公开数据，如广告、招投标、IPO、发债数据，这些数据可以反映出借贷主体的行为特征，有利于从深层次挖掘用户的信用状况，评估其信贷风险。大数据征信专家经研究发现，半结构化数据和非结构化数据是客观世界的传感器，体现了借贷人真实的经营状况。只有充分考察借贷主体借款行为背后的线索及线索间的联系，才能从深层次挖掘用户的信用状况并提供有效的数据分析服务，降低信贷风险。大数据征信公司充分利用创新、多元的大数据源，以从多方面甄别申请主体特质，形成较为完整的申请人画像，单独来看可能不会发现什么线索，但是与其他成千上万的信息数据联系起来，就可以勾画出令人难以置信的精确画像。

2. 大数据分析技术

大数据征信的信用评估分析，就是将借贷主体的海量非结构化数据和半结构化明细数据进行采集，然后运用先进机器学习的预测模型和集成学习的策略，对数据进行统一的标准化整合。第一步，将来源于第三方和借贷主体的海量原始数据输入系统；第二步，寻找数据间的相关性并对数据进行转换；第三步，在相关性的基础上将变量重新整合成较大的测量指标，每一种测量指标反映借贷主体的某种特征，如诈骗概率、信用风险和偿还能力等；第四步，将这些变量输入到不同的数据分析模型中；第五步，将每一个模型输出的结果按照原先设定的百分比进行计算加总，形成最终的信用分数。总之，大数据分析阶段就是对海量原始数据进行分布式大数据自动挖掘，将数据库中的原始数据经过数学建模，提取特征变量，形成不同的特征值，然后放到不同的特征数据分库中，按照相应的百分比计算出最终的信用分数。由于搜集了成千上万种原始数据，统计结果更趋近于真实值。由于数据的整个采集、加工、分析过程全都通过计算模型及数据分析自动完成，并且实现了对数据库进行实时、动态的风险跟踪和管理，避免人为因素的干扰，因此能够有效防范道德风险，有效解决了小微企业融资难的缺信息、缺信用问题。近年来，这种基于大数据的信用风险评估方法被国内外多家大数据征信公司采用，对传统的信用体系形成了冲击。

三、信用信息安全与隐私保护

数据安全管理问题是大数据应用面临的最大风险。虽然将海量数据集中存储，方便了数据分析和处理，但由于安全管理不当所造成的大数据丢失和损坏，则将引发毁灭性的灾难。有专家指出，由于新技术的产生和发展，对隐私权的侵犯已经不再需要物理的、强制性的侵入，而是以更加微妙的方式广泛衍生，由此所引发的数据风险和隐私风险也将更为严重。

当前我国对大数据的保护能力还十分有限，数据被恶意使用的现象仍然难以掌控。我国个人和企业对于数据资源的保护意识还比较薄弱。随着电子商务、社交网络、物联网、云计算以及移动互联网的全面普及，我国数据资源与全球的数据资源一样，正在呈现爆发性、多样性的增长态势。但是由于对数据保护认识的不足，以及对个人电脑安全防护的不当，个人或企业的隐私数据暴露在互联网上的现象十分普遍。2011 年我国最大程序员网站的 600 万条个人信息和邮箱密码被黑客公开，进而引发了连锁泄密事件。2013 年，中国人寿80 万名客户的个人保单信息发现被泄露。这些事件都凸显出在大数据时代，信息安全管理所面临的、前所未有的挑战。

如何在大数据时代保护隐私？有媒体报道，欧洲议会的一项研究报告表示，云计算大数据已经对个人隐私造成了严重的威胁，而且是比你想象中还要严重。该报告还表示，云计算的隐私威胁被低估了。随着云计算的发展，日益增长的可靠性问题、网络欺诈和网络犯罪、个人身份数据的丢失已然成为云计算必须要面对的问题，而且是迫不及待需要解决的问题。行业人士和专家在接受媒体受访时均表示，应该从立法、制度、技术三方面完善个人隐私保护。大数据时代现有的技术手段对于个人隐私而言远远不足，除了要建立健全个人隐私保护的法律法规和基本规则之外，企业商业秘密保护和企业公开信息被使用的知情权和同意权，也需要同样的重视，还应鼓励隐私保护技术的研发、创新和使用，从技术层面来保障隐私安全，完善用户保障体系。此外，推动云服务大数据产品在个人隐私安全方面标准的制定，提倡行业在用户隐私保护领域自律，并制定相应的行业标准和公约。

当我们在享受大数据发展给人们生活和产业发展所带来的跨越性变革的同时，也需要为这种进步付出代价，而如何在引领行业发展的同时，健全个人隐私保护制度，则需要相关法律、企业、网民、第三方行业组织等的共同努力。个人隐私安全是一场未完成的战争，随着相关法律法规的建立和完善，我们有理由相信我们的隐私保护将会越来越健全。

四、商业信用征信创新

（一）征信模式创新

目前，互联网征信模式可有三种选择：以征信中心为代表的政府主导型模式、以电商征信机构和金融征信机构为代表的市场主导型模式、以互联网金融协会信用信息中心为代表的行业会员制模式。

1. 政府主导型模式：中国人民银行征信中心

中国人民银行征信中心采集的金融机构的贷款、信用卡等记录，有系统技术成熟、规模效应、信用保密性强等优势，可逐步进入 P2P、众筹等网络贷款平台，并征集相关信用记录，在为互联网金融企业提供服务的同时丰富数据库。互联网金融和中国人民银行征信系统可以互相补充、完善共同发展。

2. 市场主导型模式：电商平台或金融机构设立征信机构

电商组建征信机构利用自身用户多交易数据包含的信息量大，通过大数据、云计算充分挖掘数据信息，控制信贷风险，并对外提供征信服务。金融机构组建征信机构，通过组建电商平台，并利用综合牌照、风险管理能力等优势，将交易数据和传统资产负债、抵押物等信息综合，充分挖掘银行、证券、保险、信托、基金等信息，控制信贷风险，并对外提供征信服务。

3. 行业会员制模式：互联网金融协会设立征信机构

互联网金融协会设立征信机构，通过采集互联网金融企业信贷、物流信息开展征信活动，并免费向会员共享，也可向非会员收取金融中介服务费用。在互联网征信业务发展初级阶段，可以政府主导型模式为主，充分利用中国人民银行征信系统。互联网金融企业，特别是 P2P、众筹模式等自身数据缺乏，可试点通过进入中国人民银行征信系统，了解借款人信用，控制信贷风险。

（二）征信业务创新

1. 专业征信数据平台的实现

我国的征信业一直发展缓慢，如今供应商关联方管理、电子招投标、电商供应链金融、第三方支付的兴起，都在倒逼征信行业进步。国外存在专门为互联网公司提供数据征信服务的公司。其原理在于收集数据源，或自我挖掘，或从其他平台购买，利用自身数据分析工具，开展数据分析，形成分析结果，并卖给需要这些征信数据的公司。数据征信在信用数据积累相对比较完善的国家发展较快，在国内，由于数据库建设和各个平台之间的数据封闭，开展此项业务相对比较困难。中国人民银行在逐渐放开对个人的数据征信查询，独立的征信平台也开始出现。

商业信用中心的"国有企业供应商信用管理平台""公共资源交易信用服务平台"，是中心通过和市场监管总局、海关总署等部委进行数据共享，建立了公共信用信息的查询、验证数据库，按照中央企业、省市公共资源交易中心委托开展供应商评价、等级分类、信用动态管理等，采集和归集了交易行为中的市场信用信息、履约行为信息，凭借综合的各行业评价指标体系、模型，商业信用中心的企业数据库系统具有很强的专业性和权威性。

2. 互联网企业与金融机构进军征信业

大数据时代，除目前的征信机构，互联网企业和金融机构也将进军征信业，建立新型的征信机构。一种是电商企业组建的征信机构。如构建成了涵盖数十万家企业的信用信息数据库，通过大数据分析开展了网络联保贷款、小额贷款等多项增值业务，具备成立专业征信机构的基础和实力。另一种是金融机构成立的征信结构。例如，中国平安集团通过采集 P2P、借贷信息、银行界借贷记录以及车险违章等信用信息，成为专门挖掘金融数据的征信机构。此外，随着互联网金融的兴起，一些成熟的第三方网络借贷平台将转型成为行业征信主体，利用大数据技术提供征信服务。

3. 征信技术快速发展

大数据时代，信用信息征集范围将不断扩大，既有从公共资源交易、供应商管理、电子商务等平台采集的市场信息，也有政府部门和事业单位的社会公共信息。传统的社会征信机构将利用互联网技术扩大信用信息征集范围，除了企业的基本信息，更加注重对市场信息的采集。同时，阿里巴巴、腾讯等互联网公司依托电子商务、社交网络和搜索引擎等技术工具，利用大数据技术分析海量的网络信用数据，形成能够真实反映企业和个人信用状况的数据档案。各级政府部门也将以电子政务工程为基础，将分散在各部门的社会公共信息加以整合，依托互联网实现各级政府及其主要职能部门所掌握信用信息的互联互通、信息共享。

随着对大数据云计算技术的应用，基于大数据拓展应用服务的公司不断崭露头角。它们对各种结构性与非结构性的海量数据应用集成技术实现信息集成，实现不同业务系统之间和异构数据库之间的互联互通。利用大数据技术，从大量信用信息数据库中提取用于信用评价的关键性数据，此谓数据的一次挖掘。在此基础上，将这些关键性的数据信息与征信专业知识相结合，用于开发新的征信产品与服务，实现对数据的二次挖掘，这些信息成为信用评价的重要参考依据。

云计算和数据挖掘等技术的进步，将推动传统征信服务升级并扩大信用信息的应用范围。一方面，可以拓展到金融领域的其他授信公司、担保公司、保险企业、房地产企业等；另一方面，诸如信用风险管理类、政府采购、公共资源交易、供应商关联方管理以及反欺诈类等高端的征信产品和服务，也将被逐步开发并应用。

第二节　商业信用征信助力社会信用体系建设

一、社会信用体系概述

在经济社会交往中，相互间的信任在各类交往中发挥了重要作用，自然人、企业、政府等各类主体间发生的各种行为中的信任关系，以及基于这些信任关系的各类规则，共同构成了一个地区的社会信用体系。本质上，社会信用体系是以信用关系为主要内容，其目的是促进社会各方信守承诺而进行的一系列安排的总称。

我国社会信用体系建设起源于金融领域。20世纪90年代后期为了解决银行的不良贷款问题，由中国人民银行牵头，联合各商业银行建立贷款证制度和银行信贷登记咨询系统。2001 年 3 月，《国民经济和社会发展第十个五年规划纲要》提出："在全社会强化信用意识，整顿信用秩序，建立严格的信用制度，依法惩处经济欺诈、逃废债务、不履行合同、侵犯知识产权等行为。"2002 年 11 月，党的十六大提出"整顿和规范市场经济秩序，健全现代市场经济的社会信用体系"。2003 年，党的十六届三中全会通过了《中共中央关于完善社会主义市场经济体制若干问题的决议》，明确指出"建立健全社会信用体系，形成以道德为支撑、产权为基础、法律为保障的社会信用制度，是建设现代市场体系的必要条件，也是规范市场经济秩序的治本之策"。2007 年，国务院办公厅下发了《关于社会信用体系建设的若干意见》（国办发〔2007〕17号），成为这一时期推进社会信用体系建设的纲领性文件和重要依据。2014 年6 月，国务院颁布了《社会信用体系建设规划纲要（2014—2020 年)》。这是中国首次探索执行社会信用体系建设的专项规划，标志着中国社会信用体系建设进入了一个新的历史时期。

建设中国特色社会信用体系的目的就是要形成与中国特色社会主义市场经济相适应的社会信用体系，形成"鼓励守信、制约失信"的氛围和良好的信用环境。也可以说，社会信用体系的建设是完善中国社会主义市场经济体制的客观需要，也是促进经济可持续发展的重要保障。

二、社会信用体系对商业信用征信的要求

具体到建设中国特色社会信用体系对商业信用征信的要求，体现在以下四个方面：

1. 立足中国特定的商业信用征信文化

正如《中共中央关于完善社会主义市场经济体制若干问题的决议》指出的，建立健全社会信用体系，首先要以道德为支撑。西方国家在商业信用和商业信用征信漫长的发展历程中逐渐形成了"注重隐私保护""固守契约精神""倡导守信意识""扎根宗教信仰"为主的征信文化。中国有自己比较特殊的历史、政治、经济和文化背景。立足自身国情，经过改革开放 40 年来的不断发展，中国的商业信用征信业务也不断繁荣，应该形成符合本国社会信用体系

建设的征信文化。

近代以前，中国经济社会形态一直是自给自足的自然经济。局限于生产生活范围，信用关系具有明显的地缘和血缘关系色彩，商业交易主要发生在熟人之中，人们遵循"诚实守信、童叟无欺"的古老文化，也形成了"路不拾遗、夜不闭户"的淳朴民风。在中国的传统文化中，有着"人而无信，不知其可也"的优秀传统。

20世纪初开始，中国征信所的建立标志着现代商业征信行业在中国逐渐发展起来。在早期现代商业征信业的发展过程中，中国逐渐形成了"真""善""美"的征信文化。中国征信所的发起人章乃器先生将其总结为"审慎以求真""忠诚公正以求善""详尽明晰以求美"。这是我国近现代商业信用征信发展过程中形成的宝贵文化传统。

随着中国征信业的实践发展，在吸收借鉴西方发达国家征信文化的基础上，为配合中国特色社会信用体系建设的需要，中国当代征信活动的价值诉求应该更加清晰，聚焦在恪守契约承诺、追求真实客观、崇尚法治精神、注重以人为本。以社会主义核心价值观为内核，结合优秀的中国传统文化精神，确立符合本国商业信用征信发展的价值基础，打造适应本国商业信用征信实践的文化环境。

2. 设立符合中国国情的商业信用征信标准

征信标准是指为了规范征信机构的业务运作、形成良好的行业秩序，解决信用信息服务中的切实问题而制定的共同使用和重复使用的一种规范性文件。它是征信机构科学管理的有效工具，同时也是征信市场规范发展的重要保障。拥有一个科学、合理和有效的征信标准能够使得不同征信市场之间的相互连接更为顺畅。因此，尽快设立符合中国国情的商业信用征信标准对于推进中国特色社会信用体系建设有着非常重要的现实意义。

中国征信行业的标准化进程尚处于起步阶段，商业信用征信标准化工作应该以"全面深化征信标准化战略实施"为目标，围绕"系统设计、重点突破、整体提升"的要求，坚持立足本国发展现实情况、坚持改革创新、夯实基础、重点跨越、整体发展的基本方略，推动商业信用征信机构标准化发展，积极参与制定征信国际标准，完善征信业标准体系，促进征信业持续健康发展。

根据商业信用征信的运作模式，结合征信机构对标准的要求，中国商业信用征信标准体系可以分为总体和基础层标准（信息基础类标准）、通用层标准（产品与服务类标准、运营管理类标准）、专业层标准（电子商务类标准）。每一类标准又包括内容不同，互为补充的若干子标准，共同构成了系统和完整的商业信用征信标准体系。

具体而言，推动商业信用征信标准化的建设应该从以下两个主要方面入手。

第一，建立符合中国国情的征信标准宣传和实施机制。征信标准的宣传与实施是标准化工作的重要内容，是商业信用征信能够实现预期效果的关键，应该主要从以下两个要点来出发：首先是宣传商业信用征信标准。通过在新闻媒体、互联网等发布商业信用征信标准化动态信息，编写征信标准化专业书籍，举办征信标准化培训和专题研讨会议等方式，宣传征信标准的作用和意义、征信标准的主要内容、征信标准实施中应该注意的问题等，以增进不同的工商企业等相关主体对商业信用征信标准的认识。其次是实施征信标准。根据征信标准的内容和特点引导征信机构积极参加征信标准的制定和实施，逐步实现标准化活动以征信机构为主体，构建征信机构自身的标准体系。

第二，建立征信标准管理和修订的长效机制。征信标准的管理和修订是指根据征信市场、征信技术不断发展、变化的特点，不定期地对征信标准化体系进行修订和更新。首先应该定期对商业信用征信标准进行复审。同时加强国内外征信业的交流与合作。积极推进商业信用征信机构参与征信标准化工作。鼓励征信机构等标准应用主体不断制定标准、应用标准，提高其应用标准的积极性。借此，推动国内征信机构积极参与国际征信标准化活动，提高中国商业信用征信机构的竞争力。

3. 完善中国商业信用征信的管理

助力中国特色社会征信体系的建设，商业信用征信应该首先完善自身的管理。改革开放以来，随着社会主义市场经济体制的确立，当代中国商业信用征信行业得以再次起步并快速发展。当前，商业信用征信的发展要求进一步推动征信立法、加强征信管理体制的建设，力争逐步形成具有中国特色的征信管理工作框架。

首先，应该加强和完善商业信用征信的机构管理，明确机构的准入资格。我国目前对于从事个人征信业务的机构和从事企业征信业务的机构实行区别管理。从事个人征信业务的机构应当经中国人民银行审批后方能从事征信活动，从事企业征信业务的机构只需要符合一般公司法人条件即可成立，并按照规定向所在地中国人民银行分支机构办理备案。

其次，加强和完善商业信用征信的业务管理。总体而言，对征信机构的业务管理主要依据《征信业管理条例》展开，《征信业管理条例》在一般层面对征信机构业务进行了明确规定，商业信用征信的管理机构应该立足自身行业特点，重点对于商业信息采集范围、商业信息保存期限等内容加强监管和完善。

最后，强化对参与商业信用征信的从业者管理。商业信用征信机构从业人员应该满足法律法规及政策明确的相应条件，通过专业培训并取得相应的任职资格。企业征信机构高管人员任职应该进行备案管理。企业征信机构的董事、监事、高级管理人员，由任职的征信机构在规定的期限内向所在地的中国人民银行省会（首府）城市中心支行以上分支机构备案。

由于世界各国的征信业发展历程、人文文化、宗教信仰以及各自国情不同，形成了各国不同的管理模式，随着中国特色社会信用体系建设的不断深化，征信体系扮演着越来越重要的角色，完善好中国商业信用征信的管理，对社会信用体系的最终建立有着不可或缺的主要作用。

4. 健全中国商业信用征信的法律监管

健全符合建设中国特色社会信用体系的征信法律法规。目前，中国的征信法律建设虽然已经取得了长足的进步，但随着中国征信市场的不断发展和社会信用体系建设的不断推进，现行的征信法律与征信管理、社会信用体系建设的要求仍有较大的差距，主要表现为：尚未制定专门的法律全面规范商业信用信息的公开和使用、信息主体的权益保护等，公开的信用信息与非公开的信用信息区分及使用缺乏法律依据，信用评级尚无专门的法律法规予以规范，《征信业管理条例》的配套制度还不完善。

为推进中国特色社会信用体系建设、为适应中国征信市场的发展变化，根据中国的法律传统和现行法律体系，借鉴国外的征信法律，中国商业信用征信法律建设应该朝着建立包括法律、行政法规、规章及配套制度在内的多层次、完善的征信法律体系的方向发展。应该尽快制定"社会信用促进法"，从国家立法层面指导信用促进行为，推动商业信用信息、企业信用信息的公开和应用，规范信息采集、处理与使用，促进征信行业的快速发展，以此来推动社会信用体系的建设。

第三节　商业信用征信面临的挑战与机遇

改革开放以后，我国商业信用征信开始逐步发展。尤其是近五年来，发展成效显著。商业征信市场已经形成了以央行金融信用信息基础数据库、公共信用信息平台库为基础，以政府背景征信机构为主，其他各类民营征信机构为辅的，结构多元、发展规范、布局合理的市场格局。商业信用征信的业务主体为信用评级、信用调查、信用等级、信用建档等，辅以信用风险管理、信用咨询服务、信用培训等多元化、多层次增值业务。商业信用征信市场已经全方位覆盖了企业、个人、信贷、债权等多个信用交易领域，涉及企业、个人、金融机构、各级政府等多个经济主体。

一方面，自 2005 年以来，政府有关部门陆续颁布了《个人信用信息基础数据库管理暂行办法》（2005 年 10 月）、《中国人民银行信用评级管理指导意见》（2006 年 3 月）、《政府信息公开条例》（2007 年 4 月）、《征信业管理条例》（2013 年 1 月）、《征信机构管理办法》（2013 年 11 月）、《国务院关于建立完善守信联合激励和失信联合惩戒制度加快推进社会诚信建设的指导意见》（2016 年 5 月）、《银行信贷登记咨询管理办法（试行）》（2017 年 7 月）等一系列条例法规，《社会信用体系建设规划纲要（2014—2020 年）》（2014 年 6 月）是从国家层面对社会信用体系和商业信用征信体系进行的全面规划。商业信用征信的政策、法律和法规体系逐步建立健全，商业信用征信发展面临巨大的市场机遇，同时也面临新的挑战。

另一方面，已经进入大数据时代，大数据技术逐步渗透到经济社会的各个领域。大数据是指数据规模远超传统数据库处理能力的海量数据集合，通过算法、模型、实验等分析工具，挖掘数据潜在规律性和信息价值。单从数据量而言，大数据一般包含 1000T 以上的数据，相当于 400～500 台普通配置计算机的容量。大数据具有容量大、数据多样、潜在挖掘价值高、数据处理速度快等特点。大数据技术辅以"云计算"技术，可以有效完成快速、强大的信息处理服务。征信与大数据天然契合，二者都是通过数据的采集、存储、整理、挖掘、分析等过程，为决策者提供参考。显然，大数据时代，商业信用征信发展面临前所未有的机遇，也面临巨大挑战。

一、商业信用征信发展的新挑战

（一）信息安全挑战

一方面，大数据时代，伴随数据量的剧增和数据的云端处理，对数据安全提出了新的挑战。数据安全成为制约大数据发展的瓶颈，尤其是在目前技术尚未成熟的时期。新技术的发展让信息的获取更加方便、存储时间更长久，同时数据搜索也更容易，在云端长久储存并汇集的数据都可能成为被攻击的目标，配置或者软件的错误都有可能意外地被其他用户访问，数据的分布式处理也加大了数据泄露的风险。用户在不同场合不同情形下发布或留下的信息，一旦被黑客全部窃取或部分窃取后经过交易和交换，完整信息就彻底暴露。保密文件如果托付给技术不成熟的"云计算"服务商，数据丢失、病毒入侵等问题就更加严峻。商业信用征信业务本身就要求对征信信息实行严密的安全防护，大数据同样需要攻克数据安全难题，云端基础设施共享需要更高水平的安全机制保证强度，保障数据安全需要在核心技术层面付出努力，大数据时代的征信业务发展需要在保护数据和高效利用的技术环境之间找到平衡点。

另一方面，大数据时代，无处不在的信息数据收集给个人和企业隐私安全带来了巨大的挑战。例如，由于大数据技术可以全方位收集信用主体的信息数据，一些隐私信息极有可能被全盘收录。允许在特定场合公开的信息数据如果被用于其他用途的分析和应用，则极有可能会侵犯信用主体的隐私，而大数据分析注重于对数据多次运用以及不同类型数据交叉运用的特性，使这种隐私泄露的风险大大增加。不仅如此，目前国内法律对许多数据的所有权和使用权没有明确的界定，也没有考虑其中涉及的隐私安全问题。当前，各类征信机构数据存储能力、信息安全保护的水平参差不齐，一些信息安全防护能力不足的征信机构很容易造成客户隐私信息的泄露。征信机构作为信用经济活动的重要参与者更应当以信为本，如果不能有效保护隐私安全将极大地动摇商业信用征信发展的根基。

（二）发展理念挑战

大数据时代对大数据的分析应当是理性、科学的，但不能过度依赖大数据分析，甚至盲从大数据分析预测的结果。必须注意的是：大数据分析强调的是利用所有数据，从发现一般性规律到关注更多在传统的征信调查分析下被忽略的细节信息，分析信息数据之间的关联性并进行预测，这导致大数据分析对于信息数据之间因果关系分析的忽视，致使其分析结果存在着一些不严谨之处，因此孤立地进行大数据分析所得到的结果有可能是片面的，甚至是错误的。现阶段，大数据的技术水平并不能实现对数据质量的保证，而且所能获取的数据量可能无法达到特定分析对量的要求，这都会影响分析质量。不仅如此，过度依赖大数据分析极易扼杀没有数据支持的创新。

（三）技术进步挑战

目前大数据技术的发展处于起步阶段，还存在许多不完善的地方，包括硬件技术、标准化、网络服务、存储能力、算法技术等方面。首先，在技术标准化方面，目前大数据技术标准尚不完善，大数据平台和工具层出不穷、标准各异，增加了大数据的应用难度，并且缺乏标准也使得技术的发展缺乏持续性。其次，在计算机软硬件和算法方面，传统的数据挖掘技术面向小样本的数据，需要多次扫描数据，速度较慢，容错性低，不支持并行处理，算法性能随着数据量的增长过早饱和；而大数据时代，所有的数据处理不能使用传统的硬件和算法，要求能够支持在多机、多系统、多 CPU 并行计算，同时，超大规模的数据运行也需要高容错度，这些都对计算机的软硬件和算法提出了更高的要求。最后，大数据时代，海量数据的来源、标准、形式的不同，增加了数据采集、清洗编码、整合验证的困难，这对技术工作提出了新的要求。

（四）人才建设挑战

大数据时代，商业信用征信从理念到技术将被颠覆，这对信用数据和信息的分析人员提出了新的、更高的要求。大数据时代，数据家将成为紧缺型人才，一般数据家职位由两人担任，一位数据搜集能力强的人员，先以深度的商业知识和经验将数据进行归类、整合和管理，另一位数据分析能力强的人员，致力于采用数据模型和数据挖掘的方式来对客户信息进行分析和处理，或研究有关产品、风险等方面的课题。当前，国内同时在数学、计算机和商业等多个领域具备较强能力，严谨又对数据有敏锐洞见的人才极其稀缺。麦肯锡等国际知名研究机构纷纷预言，未来，全球将出现大量数据家职位空缺，美国、德国等发达国家和高校和企业纷纷设立培养数据分析处理专业人才的课程和培训。虽然如此，类似的跨领域的综合性人才培养，并非可以一蹴而就，打造高效、灵活、专业的大数据分析人才队伍，任重道远。

二、商业信用征信发展的新机遇

（一）安全存储共享机遇

随着信息和数据量以几何级数增长，信息的管理难度越来越大，对数据存储容量和可靠性也提出了更高的要求。大数据和"云计算"的出现让海量信用数据的存储、处理和共享成为可能。第一，"云计算"在云端提供大型服务器集群、无限容量的虚拟化分布式计算与存储性能、各类应用软件和信息共享平台等虚拟资源，能够有效降低征信系统建设的基础设施成本，增强系统数据的可靠性和存储能力，通过云端平台实现信用数据的全面共享，为征信系统的建没提供强有力的技术支撑。第二，"云计算"技术能够在发生不可抗力事件时将数据安全迅速地转移到云内的其他服务器保存，不会因为个别电脑终端或服务器出现问题导致资料散失，提高征信系统应对不可抗力事件的能力。第三，"云计算"对数据进行多层安全机制保护，集中存储、统一管理的数据更容易实现安全实时监测，一旦发现某个终端遭遇入侵攻击，该终端会将入侵程序的相关信息发送至云端，云端服务器会对云内所有其他节点的计算机发出相应质询请求，实施同步检测和安全防御。第四，云服务提供商对网络资源进行集中布置，可以有效避免内部人员泄密的风险。2013 年，国务院机构改革和职能转变方案提出建立以公民身份证号码和组织机构代码为基础的统一社会信用代码制度。国家发展改革委和中国人民银行牵头建立了国家数据共享平台，实现央行、市场监管局、税务总局、海关等各部门的数据库整合。在未来，这些都离不开大数据和"云计算"的技术支撑。

（二）征信理念创新机遇

大数据的思想、技术对征信业的思维模式会产生重要影响，进而对征信业的发展提供了新的机遇。传统征信业的思维模式是通过搜集客户的信用信息进行分析处理，依托所收集的信息进行严谨的因果推导，进而评判出客户的信用状况。而大数据的思维模式是把全部数据收集存储，进行加工分析，它关注的是信息数据间松散的相关关系，尤其可以揭示在以前数据量较少情况下无法发现的相关关系，即关注客户行为之间的相关性，进而对客户的行为进行预测，而不是探索什么原因导致客户目前的行为。大数据的思维模式有助于征信机构有效捕捉以前忽略的细节信息和小概率事件，并更好地预测被分析对象总体的发展趋势。

（三）征信业务创新机遇

第一，商业信用征信的业务覆盖范围拓宽。互联网技术对于推动征信业的发展和大数据在征信业的应用起到了不可忽视的作用。许多互联网金融企业已经意识到，信用风险控制技术才是互联网金融未来成功的核心。这一观念引发的大量征信需求并不能被原有的征信系统和产品服务满足，大数据的应用就能有效解决未能被传统征信体系很好覆盖的众多长尾客户。例如，阿里小贷通过企业行为分析企业信用状况，企业行为不仅包括信用记录、成交数额等结构化数据和用户评论等非结构化数据，也包括水电煤缴费等生活信息；美国的Lending Club 是利用社交网站关系大数据进行网络借贷信用管理的典型，通过在 Facebook 上镶嵌一款应用搭建借贷平台，借款人被分为若干信用等级，却不必公布自己的信用历史。

第二，信用信息的来源和范围极大拓展。信息革命带来数据的爆炸式增长，移动互联网的应用进一步加速数据的产生速度。这为征信数据采集源自日常生活，而非仅仅源于特定领域提供了可能。现阶段，可以被用于大数据环境下的信用信息分析包含：电子商务交易类网站大数据，信用卡类网站大数据，社交网站关联关系大数据，网贷类网站信贷大数据，第三方支付平台消费大数据，生活服务类网站大数据等。IT 技术发展实现了便利的海量数据收集和存储，极大地拓展了信用信息的来源和范围，也颠覆了以往征信中只将信贷等特定的、真实的数据视为有效信用数据的观念。用户给的所有信息都是有用信息，甚至是说谎、隐瞒、写错的信息都可以是反映一个主体的关键信息。

第三，信用信息处理技术快速发展。大数据并非仅停留在海量数据汇聚的层面，处理后的数据所能带来的经济价值是大数据的终极意义所在，因此，数据的价值含量和挖掘成本比数量更为重要。如何驾驭和用好大数据，从海量数据中快速提取出有价值的信息为信用决策服务，未来要依靠"云计算"和数据挖掘处理技术的结合运用。"云计算"的超强计算性能配合大数据技术，可以实现对掌握的全样本数据（而非随机抽样）迅速进行专业化存储、分析、处理和挖掘，大大增强信息处理能力。同时，当前80%以上的信息都是复杂的非结构化数据，包括纸质信息和图片、音频、视频等数字信息，仅对少数结构化数据的分析已经无法适应发展的要求。数据多样化是大数据的特征之一，大数据就是解决传统数据仓库所不能解决的问题，实现一切皆可数据化、一切皆可量化。这为将来收集大量非结构化数据用作征信分析奠定了技术基础，而这正是未来信用数据收集和分析的方向。

第四，信用信息挖掘深度加深。大数据更深层次的意义在于其对数据进行的深度挖掘，通过信息集成共享和交叉复用，以实现信息价值最大化。大数据意味着大资源，大数据平台将以往被分割的、零散的各类数据汇集起来处理，基于更广阔的时间尺度和更细级别的粗糙粒度，进行全维度分析，实现动态数据搜集和处理、更高程度的共享和无阻碍的数据间交叉使用和关联分析，其数据挖掘深度非传统技术可比。凭借大数据的深层数据加工能力，可以依据个性化需求探索和构建智能分析，最终实现一切皆可预测。国内的网络贷款也初步探索出大数据征信模式，依据企业行为数据判断其还款能力，而非资产负债表上显示的可能还款能力，这已经颠覆了传统的放款原理。未来，大数据挖掘将助力征信业不断在创新信用动态评分、信用风险评估和管理、预防信贷欺诈、提供更多信用报告选择、预测和快速匹配信贷需求等方面取得突破。

（四）征信市场创新机遇

首先，征信市场发展面临新机遇。随着《征信业管理条例》的颁布实施，征信市场竞争将更有序、规范和市场化，掌握大量客户数据的互联网企业将借助数据优势进入征信市场。比如第三方支付的电商金融，之所以能够依赖电商平台开展内部的商户信贷业务，并通过频繁的资产交易做大规模，最本质的优势在于电商用户的交易数据和频率，信贷不良率控制在很低的水平，明显优于银行的小微信贷业务。如阿里金融，通过数据化的平台开展征信操作，将商户的信贷风险控制在较低的程度。其他电商，如苏宁、腾讯、京东等，不管是自己开展小贷业务，还是和银行合作开发信贷产品，所利用的均是电商平台上的客户数据。

其次，征信机构发展面临新机遇。一方面，传统的征信技术主要包括数据采集技术、数据处理技术、模型评分技术和数据报告技术等，但是，大数据技术将会贯穿征信业务的整个流程，为提供更丰富的征信产品以及更全面的征信服务，征信机构需要构建能够快速处理和加载海量数据的大数据平台，充分运用大数据的存储、处理、查询、分析和可视化等技术。另一方面，大数据时代，征信机构的服务方式也将更加人性化，更加注重服务的即时、高效。以营销服务为例，依托大数据技术，征信机构通过收集的翔实数据勾勒出用户的"全貌"，从多方面对客户进行更加精确的筛选归类，从而提供差异化服务，提高营销服务的针对性和有效性，甚至实现一对一营销。在客户维护领域，它可以帮助征信机构更便捷、及时地收集与分析客户对征信产品和服务效果的诉求，及时对客户提出的问题和建议进行反馈，提升客户忠诚度。同时，通过大数据技术研究客户使用服务的有关数据以及与征信机构所流失客户的有关数据进行分析，有助于预测发现可能流失的客户，从而改进客户维护策略，保证客户群体的稳定。

最后，征信产品创新面临新机遇。传统的征信产品主要包括信用报告、信用评分、信用评级和信用风险管理类产品等。在大数据时代，大数据思维模式有助于推动征信业务拓展，大数据技术不仅将有效提升征信产品的质量，而且还将推动征信产品的创新，使产品设计更加注重客户体验，产品服务范围扩展到更广阔的社会生活领域。比如根据对客户的关联方、供应商、往来款等数据进行分析，预测客户的潜在需求，并有针对性地推销相应的征信产品或为客户量身定做相应的征信产品。在对传统征信产品的改进方面，以信用报告为例，大数据时代的信用报告可以结合客户的交易记录、财务状况、奖惩记录等信息数据综合评判主体信用状况。与此同时，征信产品的形式也将更加多样化，可以是上报的报表、提交的报告、可视化的图表、详细的可视化分析或者简单的微博信息、视频信息等。

三、抓住新机遇与迎接新挑战

(一) 建立大数据使用新理念

需要明确传统的征信调查分析思想和大数据分析思想各自的优势，即传统的征信调查分析思想注重对信息数据因果关系的推导，延展了问题分析的深度，而大数据分析思想通过对信息数据相关性的把握拓展了问题分析的宽度，两种方式不是相互否定的关系，应形成合理的互补，使征信分析更加客观公正。其次，在分析过程中，大数据分析预测的结果仅起参考作用，不能替代征信从业者的最终决策。大数据分析并不是弱化征信从业者对于征信调查活动的亲身参与，而是需要从业者具备更强的综合分析问题的能力，将大数据分析结果与实际调查相结合，作出独立、科学的决策分析。在大数据时代，许多数据的价值需要经过与其他数据共同整合才能体现出来，单位和个人仅在自己封闭的数据库内开展的数据分析工作所得出的结果往往会有偏误。因此，应尽快统一数据共享标准，提高数据的规范化程度和整合力度，加强数据部门的交流与合作，促进数据开放工作的稳步推进，甚至可以在保护国家安全的前提下，促进国际间的数据交流。应推动各类数据可以自由交易的数据市场的建立，并相应构建收费模式、数据格式管理、信息安全防护等规章制度，实现各种数据的顺畅流通，最大化发挥大数据价值。

(二) 完善征信业务新模式

现有的征信业务，尤其是我国的传统金融征信业务，主要依据信贷记录来评判用户的信用水平，有很大局限性。大数据让基于各类数据来源的"大征信"成为可能。国家公共信用信息共享平台在央行征信系统的基础上，整合各部委和地方公共征信数据库，将对解决信用信息分割、垄断和标准不一等问题大有助益，这个平台将奠定"大征信"的坚实基础。充分的信息化将促成征信业建立全新的风险控制体系，政府应引导和鼓励征信机构借助大数据的新思路，引进大数据处理技术，加大数据处理专业人才队伍的培养，将信用数据来源扩展到零散的市场数据、用户数据，从动态数据搜集处理和全维度分析的视角，创新征信技术，建立前瞻性的征信业务分析模型，有效地转化成决策支持数据，提供信用动态评分、预防信贷欺诈、预测和快速匹配信贷需求、多种信用报告选择等更多适应时代需求的新型产品服务模式，实现我国征信业发展的大跨越。

（三）健全征信监管新方式

政府是大规模原始数据信息的采集者，伴随征信业的发展，我国将逐渐形成以国家公共信用信息库、央行征信数据库为主导、市场化征信机构共同发展的多层次征信体系。然而现有的征信业务规则和监管水平还不能适应大数据时代的要求，行业自律也未发育完善。未来的监管要求监管人员也具备大数据相关知识，监管水平和政策要适应大数据特点。在制度设计上，要尽快制定符合大数据规律的规则制度用于规范大数据征信的业务发展，及时出台相应的监管政策措施，监管的重点应放在征信机构或平台的规范运行和用户信息安全保护上，征信机构应严格规范使用并保障数据安全，防止因信息不安全引起的骚扰、诈骗等威胁在大数据时代的进一步放大。征信监管应立足于国家公共信用信息共享平台完善征信基础设施建设和跨部门合作机制，使大数据征信平台既能服务金融监管，也能服务市场决策，还能控制信贷风险。同时充分抓住大数据时代到来的历史契机，着力培育技术起点高、数据时效性强的新型市场化征信机构来填补市场空白，引导其专业化分工，形成良性合作竞争的征信市场体系。还应引导和推动建立行业自律，在法律法规无覆盖的情况下建立行业规范标准和行业职业道德标准，促进大数据征信的健康发展。

（四）建立安全保护新机制

基于个人隐私、企业商业秘密保护，建立信息安全保护机制。相比于欧美等国专门出台针对信息时代的隐私保护法规，我国立法滞后，仅在《关于加强网络信息保护的决定》和《信息安全技术公共及商用服务信息系统个人信息保护指南》中对个人信息管理有原则性的规定，网络安全管理也存在体制分散、管理乏力的问题。征信业是高度敏感的特殊信息行业，成立专门的网络安全和信息安全管理机构势在必行。政府应当研究修改、设定相关政策法律，在平衡隐私保护与公共利益和国家安全等之间找到新的战术和战略方案。明确符合大数据特征的信用数据采集、整理、加工、分析、使用的规则，尤其对泄露用户数据甚至牟利的行为严查严惩，切实加强用户隐私保护。在法律法规无法覆盖的情况下，行业内应明确"信息安全是行业可持续发展的基石"共识，建立起个人隐私、企业商业秘密、企业公开信息知情权和同意权等保护行业自律标准，将更多数据标记和追踪手段应用于信息安全防护。

（五）推动技术新变革

大数据的技术变革是一项系统庞大的工程，需要国家和包括征信机构在内各类企业、科研教育机构等共同参与。首先，国家应当将发展大数据技术上升到国家战略的高度，制定系统科学的发展规划，加强对大数据技术研发的投入，建立国家级大数据标准化组织，吸纳科研机构、企业等单位共同参与，研制大数据管理、测试、技术工具等的标准化体系。其次，包括征信机构在内的各类企业在参与国家大数据研究活动的同时，结合自身业务开展实际，研究符合自身业务特色的大数据技术，与国家层面的大数据技术研究互相补充，形成多层次的大数据产业系统，实现大数据技术研发和产业创新多元化。同时，科研教育机构建立完善大数据方面的学科体系，加强学术理论研究，促进大数据人才的培养，推动和国外科研教育机构的学术交流与合作。

第四节　商业信用征信发展前景

一、法律和行政管理不断完善

随着征信业在社会经济生活各领域作用的不断扩大和深入，以及专业征信机构的不断设立，尤其是为满足信用经济发展需要，我国商业信用征信相关的立法和管理将不断完善。2017 年两会期间，有代表提交了加快制定《征信法》的议案。同时，随着国内对信息安全保护的重视不断加强，以及对隐私信息保护的不断立法完善，进一步指导和规范商业信用征信发展的法律法规体系将不断完善。

在商业信用征信的行政管理上，《征信业管理条例》明确对个人征信实行牌照制、企业征信实行备案制的监管模式，但在个人征信牌照发放延迟、企业征信备案趋缓和越发严格形势下，对于商业信用征信业的行政管理如何演进，存在多种猜测和争论，例如"征信业实行分类监管"的一种声音。对于商业信用征信，是继续延续备案制，还是发展成为按照业务类型区分牌照管理和备案管理，均是对未来商业信用征信行政管理变革的探讨。可以预期的是，随着征信法律和新政管理体系的不断完善，针对商业信用征信的管理将更加科学、细化、严谨和规范。

二、征信替代数据的应用更加广泛

目前，纳入企业征信系统的商业企业数量依然较少，占全社会商业企业数量的比例不超过 30%，由此对于大部分工商企业而言，一方面自身信息数据无法被纳入征信体系，另一方面也无法有效使用征信数据和信息。由于银行体系的重要性，若企业无法与银行建立信贷关系，则企业的信用信息难以纳入征信系统，进而难以获得对自身信用情况的合理评价。在此情况下，企业在商业信用交易中会进一步因无法在征信系统中被查询到而被认为信用不良，从而影响信用交易，形成"无信用交易—无征信系统信息—更无信用交易……"的恶性循环。

征信过程中正确使用市场行为信息等替代数据，对该部分信用信息缺失主体通过其替代数据来进行征信和信用评价，对于商业信用征信主体的企业而言，虽然与银行发生信贷关系的信息和数据依然是商业信用征信的重要信息，但通过发掘更多的替代数据纳入其中，可以在一定程度上减轻由于银行信贷信息缺失或不足造成的信用评价难度。尤其是，随着各类交易行为的活跃，企业主体也可以在采购供应、招投标领域留下更多的交易或履约信息，从而成为丰富市场行为信息等商业信用征信数据来源的重要替代数据。

三、更多新技术将被引入和运用

以大数据和互联网技术为代表的新技术，将更多被应用于商业信用征信过程，将对商业信用征信产生深远影响。在大数据技术方面，其目前应用更多体现在通过"爬虫技术"等获取大量互联网公开数据，从而扩宽了商业信用征信的数据来源，以作为行业信用征信过程中的论证或验证所用。随着大数据技术的不断发展，其应用于商业信用征信的程度将持续增强。

在大数据技术外，一些有助于信息获取或传递过程中信息安全的技术也被视为将有助于商业信用征信过程，尤其是在保障信息主体隐私方面可能发挥积极作用，如密码学技术的进步对商业信用征信过程中的信息安全传递和信息共享提供了更加全面的保护。

四、征信市场上的机构竞争"强者愈强"

征信作为基础设施，存在着网络效应和马太效应。一家征信机构掌握的数据越多，则其在市场上的竞争力越大，反之则相反。因此，征信机构为了获取竞争优势，必然需要投入大量人力、物力（尤其是在发展前期），由于拥有此类实力的机构并不多，征信市场将呈现"强者愈强"格局。从国外征信市场机构竞争来看，多数国家征信市场形成了寡头垄断格局，如美国征信业在个人征信市场上有环联、益博睿和艾克飞三大代表性机构，在企业征信市场则是邓白氏独占鳌头。

我国的商业信用征信市场，经过多年发展，虽然获得资质备案的机构数量还在增加，但从发展历史、机构实力和市场影响力来看，依然是早期发展起来的若干企业占据优势，其市场份额并未受到较大冲击，依然是征信市场上的一线机构。未来，中国商业信用征信机构间的竞争将更加激烈，传统征信机构的优势或将更加突出，虽然近年来互联网典型机构参与的征信机构发展快速，但从业务市场来看，并未对传统征信机构的业务市场形成冲击。可以预期的是，商业信用征信机构间的竞争将更加激烈，而在马太效应下，"强者愈强"的格局将逐步显现。

五、征信机构分工将更加细化

从其他行业和征信业自身的发展进程看，行业分工会更加明确，征信产业链将更加清晰。这是由于征信机构在自身发展中，由于资源和能力的不同，或为在某一细分市场获取竞争优势，会在某一细分行业树立品牌。一方面，征信业基础服务会更加细分，如部分征信机构专注于提供信用报告、部分机构专注于提供信用评分、部分机构专注于信用报告转售；另一方面，征信业的增值服务会出现细分趋势，如目前市场上已经出现聚焦于信用修复的机构，也出现了聚合信用评分的机构。在竞争激烈的征信市场环境中，商业信用征信的结构分工将更加细化，所提供的专业化服务将更加丰富。

本章小结

技术进步对征信发展不断产生深远影响，其中，大数据对征信业发展的影响最为突出，推动着商业信用征信在征信模式和征信业务等方面不断创新发展。在中国社会征信体系建设中，商业信用征信应不断完善自身管理，进一步推动征信立法，加强征信管理体制的建设，力争逐步形成具有中国特色的征信管理工作框架。面对当前的新形势，我国商业信用征信发展面临前所未有的机遇，也面临巨大挑战，要在大数据使用理念、征信业务模式、征信监管方式、安全保护机制和技术变革等方面不断探索和完善。展望我国商业信用征信发展前景，法律和行政管理将不断完善，征信替代数据的应用将更加广泛，更多的新技术将被引入和运用，征信市场上机构竞争将呈现"强者愈强"格局，征信机构的分工也将更加细化。

本章要点

- 大数据概念及其对征信的影响
- 征信对社会信用体系建设的作用
- 商业信用征信面临的机遇与挑战
- 我国商业信用征信的发展前景

本章关键术语

大数据　社会信用体系　征信文化　替代数据

本章思考题

1. 试述大数据对商业信用征信的影响。
2. 试述我国商业信用征信发展面临的机遇。
3. 试展望我国商业信用征信的发展前景。

附录1　中国人民银行征信中心企业信用报告（自主查询版）样本

NO. B20160812001032351

企业信用报告

（自主查询版）

名称：报告样本公司

机构信用代码：******

中征码：******

报告日期：2016 – 08 – 12

报告说明

1. 本报告由中国人民银行征信中心出具，依据截止报告时间企业征信系统记录的信息生成。除征信中心标注外，报告中的信息均由相关报数机构和信息主体提供，征信中心不保证其真实性和准确性，但承诺在信息整合、汇总、展示的全过程中保持客观、中立的地位。

2. 本报告中的身份信息、主要出资人信息、高管人员信息来源于信息主体在金融机构办理业务时所提供的相关资料。

3. 如无特别说明，本报告中的金额类数据项单位均为万元。

4. 如无特别说明币种，本报告中的金额类汇总数据项均为人民币计价。外币折人民币的计算依据国家外汇管理局当月公布的各种货币对美元折算率表。

5. 如信息记录斜体展示，则说明信息主体对此条记录存在异议。

6. 报数机构说明是报数机构对报告中的信息记录或对信息主体所作的补充说明。

7. 征信中心标注是征信中心对报告中的信息记录或对信息主体所作的说明。

8. 信息主体声明是信息主体对报数机构提供的信息记录所作的简要说明。

9. 信息主体有权对本报告中的内容提出异议。如有异议，可联系报数机构，也可到当地信用报告查询网点（具体地址可查询征信中心网站www.pbccrc.org.cn）提出异议申请。

10. 报告中的中征码为原贷款卡编码。

11. 本报告仅向信息主体提供，不得作为金融机构的授信依据，请妥善保管。因保管不当造成信息泄露的，征信中心不承担相关责任。

12. 更多咨询，请致电全国客户服务热线400-810-8866。

13. 当证券融资业务发生了应补仓未补仓、强制平仓或司法追偿等情形时，信用报告中此笔业务会显示为"违约"。

基本信息

☞身份信息

名称	报告样本公司		
注册地址	北京市		
登记注册类型	工商注册号	登记注册号	18379731 –＊
登记注册日期	1998 – 01 – 01	有效截止日期	2018 – 01 – 01
组织机构代码	12345678 – 8	中征码	＊＊＊＊＊＊
国税登记号	G1000000000000＊	地税登记号	＊＊＊＊＊＊

☞主要出资人信息

注册资金折人民币合计 250000 万元

出资方名称	证件类型	证件号码	出资占比
＊＊＊（法人股东）公司	中征码	＊＊＊＊＊＊	40%
＊＊＊（自然人股东）	身份证号码	＊＊＊＊＊＊	60

☞高管人员信息

职务	姓名	证件类型	证件号码
法定代表人	李伟	身份证	＊＊＊＊＊＊
总经理	王伟	身份证	＊＊＊＊＊＊
财务负责人	张伟	身份证	＊＊＊＊＊＊

有直接关联关系的其他企业

名称	中征码	关系
报告样本北京公司 1	＊＊＊＊＊＊	企业担保关联—被担保
报告样本北京公司 2	＊＊＊＊＊＊	企业担保关联—相互担保
报告样本北京公司 3	＊＊＊＊＊＊	集团企业关联—母子关系

信息概要

信息主体于 2001 年首次有信贷交易记录，报告期内，共在 8 家机构办理过信贷业务，目前在 6 家机构的业务仍未结清，当前负债余额为 458.3 万元，不良和违约负债余额为 53.2 万元；共有 1 条欠税记录、1 条强制执行记录。

目前，报告中共有 4 条报数机构说明、3 条征信中心标注、2 条信息主体声明。

☞当前负债信息概要

由资产管理公司处置的债务			欠息汇总	
笔数	余额	最近一次处置完成日期	笔数	余额
1	20000	2011 - 01 - 23	1	1000

垫款		担保及第三方代偿的债务		
笔数	余额	笔数	余额	最近一次还款日期
1	10	1	20000	1000

	正常类汇总		关注类汇总		不良/违约类汇总		合计	
	笔数	余额	笔数	余额	笔数	余额	笔数	余额
贷款	2	1456908	1	2300	1	23030	4	1482238
类贷款	5	12234890	1	22390	1	890300	7	13147580
贸易融资	2	1456908	1	2300	1	23030	4	1482238
保理	3	234450	1	4300	2	45050	6	283800
票据贴现	3	34780	1	5800	2	3000	6	43580
银行承兑汇票	2	34000	1	3908	1	55000	4	92908
信用证	1	45020	1	43708	1	2340	3	91068
保函	1	42900	1	3908	1	78290	3	125098
合计	17	14082948	7	86314	9	1097010	33	15266272

说明：正常类指债权银行内部五级分类为"正常"的债务。

关注类指债权银行内部五级分类为"关注"的债务。

不良类指债权银行内部五级分类为"次级""可疑""损失"的债务。下同。

☞已还清债务信息概要

由资产管理公司处置的债务			被剥离负债汇总			欠息汇总	
笔数	原始金额	处置完成日期	笔数	金额	最近一次被剥离日期	笔数	最近一次结清日期
1	20000	2009 - 01 - 12	2	30000	2010 - 05 - 01	3	2010 - 05 - 01

垫款汇总			担保及第三方代偿的债务		
笔数	金额	结清日期	笔数	金额	追偿完毕日期/代偿还清日期
1	20000	2011 - 01 - 23	1	20000	2011 - 01 - 23

	贷款	类贷款	贸易融资	保理	票据贴现	银行承兑汇票	信用证	保函
不良/违约类笔数	1	6	1	2	0	0	0	0
关注类笔数	1	6	1	2	0	0	0	0
正常类笔数	2	10	2	4	5	100	100	50

☞对外担保信息概要

	笔数	担保金额	所担保主业务余额			
			正常	关注	不良	合计
保证汇总	2	20000	10000	1000	0	
抵押汇总	3	200000	22000	0	1000	11000
质押汇总	3	23000	12000	0	0	

注："所担保主业务余额"的"合计"是指信息主体提供担保对应主业务的当前余额合计，当一笔主业务存在多种担保方式时，主业务余额排重后加总计算。

信贷记录明细

☞当前负债

::由资产管理公司处置的债务

处置机构	币种	原始金额	余额	最近一次处置日期
****公司	人民币	5000	2000	2011 - 01 - 23

::担保及第三方代偿信息

代偿机构	最近代偿日期	累计代偿金额	代偿余额	最近还款日期	原业务
担保公司 A	2010 - 01 - 02	1000	500	—	查看
担保公司 B	2010 - 01 - 02	2000	1000	—	查看

::欠息记录

授信机构	币种	欠息余额	余额改变日期	欠息类型
**** 银行①	美元	1000	2010 - 10 - 09	表内

①信息主体于 2011 年 11 月 5 日提出异议：我公司从未发生过欠息；业务发生机构于 2011 年 11 月 8 日提交说明：该笔欠息确实存在；信息主体于 2011 年 11 月 15 日提出声明：该笔欠息为我公司 2008 年收购××公司所欠息。

::垫款记录

授信机构	币种	垫款金额	垫款余额	垫款日期	五级分类	原业务
**** 银行	人民币	10	10	2011 - 01 - 02	正常	信用证

⁞⁞不良和违约类债务
□贷款

授信机构	五级分类	币种	借据金额	放款日期	业务种类	担保
			借据余额	到期日期	贷款形式	展期
****银行	损失	人民币	100	2011－01－02	出口卖方信贷	有
			50	2012－01－02	新增贷款	无
****银行	关注	人民币	30	2011－10－02	出口卖方信贷	无
			30	2012－10－02	新增贷款	无

□类贷款

授信机构	五级分类/交易状态	业务种类	币种	融资金额	融资日期	担保
				余额	到期日期	延期
融资租赁公司	损失	融资租赁业务	人民币	20.00	2010－01－02	有
				10.00	2011－02－05	无
证券公司	违约	约定购回式证券交易	人民币	20.00	2010－01－02	有
				10.00	2011－02－05	有

□贸易融资

授信机构	五级分类	币种	业务种类	融资金额	放款日期	担保
				融资余额	到期日期	展期
****银行	可疑	人民币	出口押汇	50	2011－09－02	有
				30	2011－12－02	无

□保理

授信机构	五级分类	币种	业务种类	叙做金额	叙做余额	叙做日期	担保	垫款
****银行	可疑	人民币	出口保理	27	12	2011－10－16	无	无
****银行	关注	人民币	进口保理	15	9	2011－06－02	有	无
****银行	损失	人民币	进口保理	16	10	2011－09－02	有	无

□票据贴现

授信机构	五级分类	币种	贴现金额	贴现日期	到期日期
****银行	次级	人民币	150	2011 – 10 – 10	2012 – 04 – 10
****银行	可疑	人民币	100	2011 – 09 – 10	2011 – 12 – 10

□银行承兑汇票

授信机构	五级分类	币种	出票金额	承兑日期	到期日期	保证金比例（%）	担保	垫款
****银行	损失	人民币	26	2011 – 06 – 10	2011 – 12 – 10	50	无	无

□信用证

授信机构	五级分类	币种	保证金比例（%）	开证金额	开证日期	担保
				可用余额	到期日期	垫款
****银行	损失	人民币	50	50	2011 – 08 – 10	无
				18	2012 – 02 – 10	无

□保函

授信机构	五级分类	币种	保函种类	保证金比例（%）	金额	开立日期	担保
					余额	到期日期	展期
****银行	损失	人民币	融资类	50	100	2010 – 10 – 10	无
					10	2011 – 01 – 01	无

⁝⁝关注类

□贷款

授信机构	种类	币种	借据金额	借据余额	放款日期	到期日期	五级分类	贷款形式	担保	展期
B1594	流动资金贷款	人民币	100.00	10.00	2013 – 01 – 01	2015 – 01 – 01	关注	新增贷款	有	无
B1594	买方信贷	人民币	10.00	5.00	2014 – 09 – 10	2014 – 10 – 10	关注	借新还旧	有	有

□贸易融资

授信机构	种类	币种	融资金额	融资余额	放款日期	到期日期	五级分类	担保	展期
B1594	进口类	人民币	100.00	10.00	2013－01－01	2015－01－01	关注	有	无
B1594	进口押汇	人民币	100.00	80.00	2013－01－01	2014－01－01	关注	有	有

□保理

授信机构	种类	币种	叙做金额	叙做余额	叙做日期	五级分类	担保	垫款
B1594	出口保理融资	人民币	90.00	90.00	2013－01－01	关注	有	有

□票据贴现

授信机构	币种	贴现金额	贴现日期	到期日期	五级分类
B1594	人民币	80.00	2013－01－01	2014－01－01	关注

□银行承兑汇票

授信机构	币种	出票金额	承兑日期	到期日期	保证金比例	五级分类	担保	垫款
B1594	人民币	100.00	2013－01－01	2014－01－01	22%	关注	有	无

□信用证

授信机构	币种	开证金额	可用余额	开证日期	到期日期	保证金比例	五级分类	担保	垫款
B1594	人民币	100.00	100.00	2013－01－01	2014－01－01	88%	关注	有	无

□保函

授信机构	种类	币种	金额	余额	开立日期	到期日期	保证金比例	五级分类	担保	垫款
B1594	非融资类	人民币	100.00	100.00	2013－01－01	2014－01－01	22%	关注	有	无

⠿正常类的债务

□贷款

授信机构	币种	借据金额	放款日期	业务种类	担保
		借据余额	到期日期	贷款形式	展期
****银行	人民币	100	2011－09－02	出口卖方信贷	有
		75	2012－09－02	新增贷款	无

续表

授信机构	币种	借据金额	放款日期	业务种类	担保
		借据余额	到期日期	贷款形式	展期
****银行	人民币	50	2011 – 05 – 02	流动资金贷款	无
		35	2012 – 05 – 02	新增贷款	无
****银行	人民币	30	2011 – 01 – 02	固定资产贷款	有
		20	2012 – 01 – 02	新增贷款	无

□贸易融资

授信机构	币种	业务种类	融资金额	放款日期	担保
			融资余额	到期日期	展期
****银行	人民币	进口押汇	60	2011 – 02 – 02	无
			60	2012 – 02 – 02	无
****银行	人民币	出口押汇	80	2011 – 10 – 02	无
			50	2012 – 10 – 02	无

□保理

授信机构	币种	业务种类	叙做金额	叙做余额	叙做日期	担保	垫款
****银行	人民币	出口保理	25	25	2011 – 01 – 02	有	有
****银行	人民币	进口保理	30	19	2011 – 06 – 02	无	无

□票据贴现

授信机构	笔数	余额
****银行	5	95
****银行	1	15

□银行承兑汇票

授信机构	笔数	余额				
		到期日<30天	到期日<60天	到期日≤90天	到期日>90天	合计
****银行	9	30	27	20	30	107

说明：到期日<60天的承兑汇票不包括到期日<30天的。

到期日≤90天的承兑汇票不包括到期日<60天的。

□信用证

授信机构	笔数	开证金额	可用余额
****银行	2	100	59

□保函

授信机构	笔数	金额	余额
****银行	1	50	50

☞已还清债务

⋮由资产管理公司处置的债务

处置机构	币种	原始金额	接收日期	处置完成日期
****公司	人民币	200	2008－01－01	2009－01－12

⋮担保及第三方代偿信息

代偿机构	最近代偿日期	累计代偿金额	结清日期	原业务
担保公司	2010－01－02	1000	—	查看
担保公司	2010－01－02	2000	—	查看
担保公司	2010－01－02	1200	—	—
担保公司	2010－01－02	3200	—	—
I2021	2014－01－01	100.00	2013－09－02	

⋮欠息

授信机构	币种	历史最高欠息金额（元）	欠息日期	结清日期	欠息类型
B1594	记账美元	310000.00	2015－09－01	2015－09－03	表内
B1594	欧元	200000.00	2013－05－01	2013－05－03	表内
B1594	记账美元	150000.00	2014－05－22	2014－05－23	表外
B1594	欧元	550000.00	2014－05－01	2014－05－03	表外

⋮垫款

授信机构	币种	垫款金额	垫款日期	结清日期	五级分类	原业务
****银行	人民币	50	2008－01－02	2010－05－01	次级	信用证
****银行	人民币	35	2008－06－02	2009－01－01	可疑	保函
****银行	人民币	60	2008－09－02	2009－01－01	损失	保理

:::贷款

授信机构	币种	金额	放款日期	到期日期	结清日期	还款方式	五级分类
****银行	人民币	200	2010 – 04 – 02	2011 – 04 – 02	2011 – 09 – 02	借新还旧	可疑
****银行	人民币	180	2010 – 07 – 02	2011 – 10 – 02	2011 – 10 – 12	资产剥离	损失

:::类贷款

授信机构	业务种类	币种	融资金额	融资日期	到期日期	结清日期	结清方式	五级分类/交易状态
****银行	融资租赁业务	人民币	30.00	2013 – 01 – 01	2015 – 01 – 01	2014 – 01 – 09	正常收回	违约

:::贸易融资

授信机构	币种	融资金额	发放日期	到期日期	结清日期	还款方式	五级分类
****银行	人民币	200	2010 – 06 – 02	2011 – 06 – 02	2011 – 09 – 02	资产剥离	损失
****银行	人民币	100	2011 – 01 – 02	2011 – 07 – 02	2011 – 07 – 02	借新还旧	可疑

:::保理

授信机构	币种	叙做金额	叙做日期	结清日期	五级分类	垫款
****银行	人民币	50	2010 – 08 – 02	2011 – 04 – 02	可疑	无

:::票据贴现

授信机构	币种	贴现金额	贴现日期	承兑到期日期	结清日期	五级分类
****银行	人民币	70	2010 – 01 – 02	2010 – 04 – 02	2010 – 06 – 02	次级

:::银行承兑汇票

授信机构	币种	金额	承兑日期	到期日期	结清日期	五级分类	垫款
****银行	人民币	100	2010 – 01 – 02	2010 – 04 – 02	2010 – 06 – 02	次级	无

:::信用证

授信机构	币种	开证金额	开证日期	到期日期	注销日期	五级分类	垫款
****银行	人民币	300	2010 – 08 – 10	2010 – 10 – 10	2010 – 12 – 10	可疑	无

:::保函

授信机构	币种	金额	开立日期	到期日期	结清日期	保函种类	五级分类	垫款
****银行	人民币	300	2010 – 08 – 10	2010 – 10 – 10	2010 – 12 – 10	融资类	损失	无

☞对外担保记录

类型	被担保人	证件类型	证件号码	担保币种	担保金额	担保形式
保证	****公司	贷款卡	******	人民币	200	多人联保
保证	****公司	贷款卡	******	人民币	100	单人担保
抵押	****公司	贷款卡	******	人民币	80	抵押物担保
质押	****公司	贷款卡	******	人民币	100	质押物担保

公共信息明细

☞欠税记录

主管税务机关	欠税总额（元）	欠税统计日期
北京市国税局	100000	2010 – 10 – 01

☞民事判决记录

立案法院：四川省泸州市中级人民法院	立案日期：2007 – 12 – 13
案由：房地产合同纠纷	诉讼地位：被告
案号：第×××号	审判程序：第一审
诉讼标的：房屋	诉讼标的金额（元）：15000000
结案方式：判决	判决/调解生效日期：2008 – 05 – 05

判决/调解结果：驳回上诉，维持原判。限期被告××有限责任公司支付原告四川王氏房地产开发有限公司违约金45万元。如果未按期履行给付金钱义务，应当依照法律规定加倍支付债务利息。驳回原告的其他诉讼请求。

☞强制执行记录

执行法院：北京市西城区人民法院	立案日期：2008 – 09 – 25
执行案由：货款	案号：第×××号
申请执行标的：房屋	申请执行标的金额（元）：420000
案件状态：2008 年12 月已结案	结案方式：执行完毕
已执行标的：房屋	已执行标的金额（元）：420000

☞行政处罚记录

处罚机构：北京市质量技术监督局	处罚决定书文号：第×××号
违法行为：生产伪造产地的建筑材料	处罚日期：2008－04－29
处罚决定：该类产品停产	处罚金额（元）：500000
处罚执行情况：已缴纳罚款	行政复议结果：无

☞社会保险参保缴费记录

保险类别：养老保险	参保日期：1998－01－01
统计年月：2010－06	缴费基数（元）：20000
缴费状态：暂停缴费（中断）	累计欠费金额（元）：21000

☞住房公积金缴费记录

统计年月：2010－10	初缴年月：1990－01
职工人数：100	缴费基数（元）：20000
最近一次缴费日期：2010－01－26	缴至年月：2010－06
缴费状态：暂停缴费（中断）	累计欠费金额（元）：86000

☞获得许可记录

许可部门	许可类型	许可日期	截止日期	许可内容
北京市环保局	环保审批	2009－05－25	2018－12－12	建设项目环境影响评价审批

☞获得认证记录

认证部门	认证类型	认证日期	截止日期	认证内容
北京市质量技术监督局	强制产品质量认证	2009－10－10	2012－10－10	

☞获得资质记录

认定部门	资质类型	批准日期	截止日期	资质内容
北京市建设厅	建筑企业资质	2009－10－10	2012－10－10	—

☞获得奖励记录

奖励机构	奖励名称	授予日期	截止日期	奖励事实
北京市质量技术监督局	北京市名牌	2008－12－12	2018－12－12	—

☞拥有专利记录

专利名称	专利号	申请日期	授予日期	专利有效期（单位：年）
专利一	专20100012	2009－01－01	2010－01－01	10

☞出入境检验检疫绿色通道记录

批准部门	出口商品名称	生效日期
国家质量检验检疫总局	棉麻制品	2008－01－01

☞进出口商品免检记录

批准部门	免检商品名称	免检号	截止日期
国家质量检验检疫总局	棉麻制品	一级	

☞进出口商品检验分类监管记录

监管部门	管辖直属局	监管级别	生效日期	截止日期
国家质量检验检疫总局	北京分局	一级	2009－10－10	2012－10－10

☞上市公司或有事项记录

信息更新日期	或有事项
2008－02－01	2006年5月本公司分别收到四川省成都市中级人民法院民事判决书（第×××号）

☞公用事业缴费记录

公用事业单位名称：中国移动	信息类型：电信
统计年月：2010－12	缴费状态：欠缴费用
最近一次缴费日期：2011－01－01	累计欠费金额（元）：10000

声明信息明细

☞报数机构说明

内容	报送机构	添加日期
该信息主体曾于2009年5月被起诉，法院判决赔偿金额为50000元。	****银行	2010－10－10

☞征信中心标注

内容	添加日期
该信息主体于 2009 – 02 – 18 被起诉，法院判决赔偿金额为 50000 元。	2009 – 03 – 18

☞信息主体声明

内容	添加日期
本企业于 2009 年 5 月被环保部门处罚 20000 元，于 6 月底将罚款交清。但环保部门未对该数据进行更新。	2009 – 12 – 12

＊汇率（美元折人民币）：6.17，有效期：2016 – 08。

附录2　商业信用中心
企业信用报告（简洁版）样本

×公司
企业信用报告（简洁版）

信用编号：

评价机构：商业信用中心

评价时间：2014 年 6 月 1 日

一、企业基本素质分析

（一）企业概述

×公司注册成立于 1992 年 7 月，注册资本 14500 万元，法人代表为×。目前，公司现有职工 1100 人，经营场所自有，经营场所面积 5.5 万平方米。2013 年底资产总额 62113.06 万元。

×公司是集购物、餐饮、娱乐、休闲为一体的大型综合性购物中心，2009 年加入×集团，成为旗下控股企业，是×集团在×市场的重要组成部分。

（二）企业组织结构情况

表 1　　　　　　　　　　企业组织结构表

序号	股东名称	股本比例（%）
1	×（法人股东）	55.14
2	×（法人股东）	37.59
3	×（法人股东）	6.2
4	×（法人股东）	1.07

×公司属于国有控股企业，第一大股东为×，持股比例为 55.14%，第二大股东为×，持股比例 37.59%，第三大股东是×，持股比例 6.2%。

第一大股东×是一家跨区域、多业态的大型连锁商业企业，×省商贸流通领域重点骨干企业，省政府重点扶持的大型零售集团，多年位于全国百货行业十强。

（三）关联企业情况

根据公司申报，没有关联企业。

（四）企业开户银行信息

×公司开户行为中国银行股份有限公司×支行，被银行授予 3A 的信用等级。

银行信用是企业整体信用状况的重要组成部分，直接影响企业生产经营中的再融资能力，企业应注重自身的银行信用状况，并参与相关信用评价，保持良好的银行信用评价等级记录。

二、企业经营环境分析

（一）经营状况概述

×公司坐落于×市中山西路，主营业务是零售百货，现有员工1100人，经营场所面积5.5万平方米。

2013年底，公司资产总额62113.06万元，实现销售收入64431.60万元，实现利润总额1623.23万元。

（二）连锁、加盟企业情况

公司目前尚无连锁、加盟企业。

三、企业经营管理水平分析

（一）企业主要负责人情况

公司主要负责人×，男，57岁，汉族，研究生学历，任公司法定代表人。

×同志无刑事犯罪记录，无重大失信行为和社会不良记录，曾领导的企业无破产记录，曾领导的企业未发生重大安全责任事故，社会信用记录状况优良。现任×公司董事长、×副会长。

×同志个人整体信用状况优良。

（二）管理制度情况

规范性与创新性的企业管理制度是造就成功企业的关键，企业从规章制度编制、员工岗位职责设置和员工操作程序规范等方面都应该建立系统性和专业性相统一的基本准则；并且在企业的发展过程中，制度的规范性是在稳定和动态变化相统一的过程中呈现的，这种稳定周期与动态时期是受企业的行业性质、产业特征、企业人员素质、企业环境、企业家的个人因素、企业的发展战略等相关因素综合影响的。随着综合因素的变化，企业管理制度的动态调整需要企业进行有效的创新，只有这样才能保证企业管理制度具有相对的稳定性、规范性、合理性和科学性。

健全的公司管理制度应该包括公司章程、人事管理制度、财务管理制度、合同管理制度、信用管理制度等，另外对于一些特殊行业，特殊的经营项目需要结合实际的经营情况制定一些特殊的规章制度。所以企业在建立了完善的规章制度后，还必须严格按照规定实施和执行，并且针对具体情况进行适时的调整和创新，不断满足企业正常营运的需要。

×公司未披露相关经营管理制度，公司应重视基本经营管理制度体系的建立，不断提高制度化管理水平，还要做到制度的公开化。

（三）企业缴费履约投诉情况

表2　　　　　　　　　　　　企业履约投诉信息表

项目名称	资料数据信息
企业经营合同签订和履行情况	公司材料未披露
企业依法缴纳各项税款情况	公司依法缴纳各项税款
企业员工工资发放情况	公司按时发放工资
企业各项社会统筹金缴纳情况	公司足额缴纳社会统筹金
企业还贷履约情况	公司无贷款
企业近年来各种投诉、纠纷和司法投诉处理结果	2013年消费者投诉183件，均已完善处理

×公司依法缴纳各项税款，及时、足额发放员工工资及社会统筹金，积极处理顾客投诉，这表明公司有较好的商业信用和社会信用。

四、财务分析

表3　　　　　　　　　　　　公司财务基本信息表

数据项	资料数据信息（万元）	
	2013年	2012年
销售（营业收入）总额	64431.60	73016.00
成本	51554.27	58853.73
净利润	1210.64	1327.25
现金净流量	−805.98	−6821.97
资产总额	62113.06	67076.12
固定资产	36972.75	39629.70
流动资产	11348.08	13185.23
应收账款	0	3.71
其他应收款	4700.20	5851.36
存货	1483.26	1867.90

续表

数据项	资料数据信息（万元）	
	2013 年	2012 年
负债总额	31802.10	35850.80
流动负债	26640.81	29657.25
应付账款	5884.42	7731.11
其他应付款	6221.17	7637.19

表 4 　　　　　　　　　　公司财务比率信息表

数据项	资料数据信息	
	2012 年	2011 年
资产负债率	51.20%	53.45%
成本费用率	80.01%	80.60%
销售利润率	1.88%	1.82%
利润增长率	−8.79%	—
总资产净利率	1.95%	1.98%
净资产收益率	3.99%	4.25%
销售收入增长率	−11.76%	—
流动比率	0.43	0.44
速动比率	0.37	0.38
应收账款周转率	13.71	12.47
应付账款周转率	0.12	0.12

（一）资产结构

公司 2013 年底的资产总额为 64431.60 万元，其中流动资产占总资产的 18.27%，该比例低于行业平均水平，说明公司资产流动性不高，有较大的提升潜力。2013 年底的资产负债率为 51.20%，与行业平均水平①持平，银行再融资空间较大。

2013 年与 2012 年相比，资产总额减少，而固定资产略有减少，资产流动性小幅降低；负债减少，所有者权益略有减少。

---

① 本报告中所涉及的"行业平均水平"均为（全国）商业信用中心数据库数据。

（二）成本费用支出

公司 2013 年的成本为 3606.37 万元，较 2011 年增加较多，但成本费用率有所上升，成本费用率为 80.86%，高出行业平均水平较多，公司应进一步加强成本控制，压缩费用开支，提高成本控制能力。

（三）盈利能力

公司 2013 年的销售收入为 64431.6 万元，较 2012 年降低了 11.76%，销售利润率为 1.88%，与 2012 年持平，总体销售业绩有下降趋势，销售利润率有待进一步提高。

公司 2013 年资产净利率为 1.95%，净资产收益率为 3.99%，低于行业平均水平，与 2012 年的资产净利率 1.98%、净资产收益率 4.25% 基本持平，公司盈利能力略低于行业平均水平，盈利 1210.64 万元，比 2012 年 1327.25 万元出现了一定程度的下滑，公司盈利能力有待提高。

（四）偿债能力

2013 年公司的资产负债率为 51.20%，较 2012 年 53.45% 略有下降，公司偿债压力略有下降，有一定的偿债压力。总体而言，公司的流动性充裕，保障了公司良好的偿债能力。公司流动比率、速度比率较低，短期偿债能力不强。

（五）经营效率

公司无应收账款，其他应收款为 4700.20 万元，在流动资产中所占的比例为 41.42%，公司需进一步加强对其他应收款的管理。

2013 年与 2012 年相比，公司应收账款周转率基本持平，应收账款回收期较短，应收账款周转率高于行业平均水平。公司 2013 年应付账款周转率与上年持平，低于行业平均水平，表明从上游企业获得信用政策比较宽松，公司应收账款、应付账款管理水平较高。

（六）发展潜力

公司的经营规模和资产规模增长较快，经营发展潜力较大。

2013 年公司销售收入略有下降，公司重视应收账款和应付账款管理，总体销售利润率、总资产净利率一般，盈利能力有待进一步提高，建议公司严格控制成本，可适当宽松应收账款管理，提高销售收入，切实提高公司长远发展能力。

五、社会信用状况分析

（一）企业公共信用记录状况

企业的信用评价不是单方面的营运评价，也不是短期的指标衡量和片面分析，而是一个长期的全面的综合评述，所以在对企业内部的信用状况综合评价之后，需要从外部对企业的认可度方面进一步判断企业的信用状况和信用能力。企业公共记录状况是指国家相关政府部门和行业协会对企业和企业管理者的认可程度。如果一个企业获得多个政府部门的认可，将大大提高企业在商业贸易中的诚信度，企业融资能力也随之增强；如果企业的管理者获得社会相关荣誉，必然对提升企业的信用形象具有积极的正面效应。反之，则企业的信用度下降，对外信用形象受损。因此，企业除了内部债权管理水平和对外偿付管理水平提高外，应有意识地获得相关部门的认可，并有计划地对外宣传。

表5   **企业信用记录信息表**

	数据项	资料数据信息
工商记录	"重合同守信用"企业	否
	工商年检不良记录	否
	受过工商处罚	否
税务记录	国税 A 级纳税人	否
	国税有查补税款	否
	国税有行政处罚	否
	地税 A 级纳税人	否
	地税有查补税款	否
	地税有行政处罚	否
公共记录	海关不良记录	否
	环保不良记录	否
	食品卫生不良记录	否
	企业公共事业欠费记录	否
劳动用工记录	拖欠工资记录	否
	未签用工合同记录	否
	社保欠费记录	否
其他记录	投诉记录	是
	信用征询函	无

公司无各种工商、税务、公共事业及劳动用工的不良记录，公司在这些权重较高的定性指标项得分较高。公司总体的社会信用记录状况优良。

（二）企业荣誉状况

2013 年：全国商业服务业顾客满意企业、巾帼文明岗、2012 年度保护消费者权益先进单位。

2012 年：2012 年度全国大型零售企业统计信息工作先进单位一等奖。

六、综合评价

×公司注册成立于 1992 年 7 月，注册资本 14500 万元，法人代表为×。目前，公司现有职工 1100 人，经营场所自有，经营场所面积 5.5 万平方米。2013 年底资产总额 62113.06 万元。

×公司未披露相关经营管理制度，公司应重视基本经营管理制度体系的建立，不断提高制度化管理水平，还要做到制度的公开化。

财务管理方面，2013 年公司销售收入略有下降，公司重视应收账款和应付账款管理，总体销售利润率、总资产净利率一般，盈利能力有待进一步提高，建议公司严格控制成本，可适当宽松应收账款管理，提高销售收入，切实提高公司长远发展能力。

公司的社会信用度较高，在工商、税务、其他监管和公共事业等方面都有较好的评价。公司依法合规经营，在追求经济利益的同时，不断追求社会效益的提升。

公司与上下游企业都建立了良好的信用关系。公司 2013 年的销售业绩略有下降，但前景较好，未来发展潜力较大。公司偿债能力较强，社会整体信用评价较高。

附录3　征信业管理条例

国务院令第 631 号

第一章　总　则

第一条

为了规范征信活动，保护当事人合法权益，引导、促进征信业健康发展，推进社会信用体系建设，制定本条例。

第二条

在中国境内从事征信业务及相关活动，适用本条例。本条例所称征信业务，是指对企业、事业单位等组织（以下统称企业）的信用信息和个人的信用信息进行采集、整理、保存、加工，并向信息使用者提供的活动。国家设立的金融信用信息基础数据库进行信息的采集、整理、保存、加工和提供，适用本条例第五章规定。国家机关以及法律、法规授权的具有管理公共事务职能的组织依照法律、行政法规和国务院的规定，为履行职责进行的企业和个人信息的采集、整理、保存、加工和公布，不适用本条例。

第三条

从事征信业务及相关活动，应当遵守法律法规，诚实守信，不得危害国家秘密，不得侵犯商业秘密和个人隐私。

第四条

中国人民银行（以下称国务院征信业监督管理部门）及其派出机构依法对征信业进行监督管理。县级以上地方人民政府和国务院有关部门依法推进本地区、本行业的社会信用体系建设，培育征信市场，推动征信业发展。

第二章　征信机构

第五条

本条例所称征信机构，是指依法设立，主要经营征信业务的机构。

第六条

设立经营个人征信业务的征信机构，应当符合《中华人民共和国公司法》规定的公司设立条件和下列条件，并经国务院征信业监督管理部门批准：（一）主要股东信誉良好，最近 3 年无重大违法违规记录；（二）注册资本不少于人民币 5000 万元；（三）有符合国务院征信业监督管理部门规定的保障信息安全的设施、设备和制度、措施；（四）拟任董事、监事和高级管理人员符合本条例第八条规定的任职条件；（五）国务院征信业监督管理部门规定的其他审慎性条件。

第七条

申请设立经营个人征信业务的征信机构，应当向国务院征信业监督管理部门提交申请书和证明其符合本条例第六条规定条件的材料。国务院征信业监督管理部门应当依法进行审查，自受理申请之日起 60 日内作出批准或者不予批准的决定。决定批准的，颁发个人征信业务经营许可证；不予批准的，应当书面说明理由。经批准设立的经营个人征信业务的征信机构，凭个人征信业务经营许可证向公司登记机关办理登记。未经国务院征信业监督管理部门批准，任何单位和个人不得经营个人征信业务。

第八条

经营个人征信业务的征信机构的董事、监事和高级管理人员，应当熟悉与征信业务相关的法律法规，具有履行职责所需的征信业从业经验和管理能力，最近 3 年无重大违法违规记录，并取得国务院征信业监督管理部门核准的任职资格。

第九条

经营个人征信业务的征信机构设立分支机构、合并或者分立、变更注册资本、变更出资额占公司资本总额 5% 以上或者持股占公司股份 5% 以上的股东的，应当经国务院征信业监督管理部门批准。经营个人征信业务的征信机构变更名称的，应当向国务院征信业监督管理部门办理备案。

第十条

设立经营企业征信业务的征信机构，应当符合《中华人民共和国公司法》规定的设立条件，并自公司登记机关准予登记之日起 30 日内向所在地的国务院征信业监督管理部门派出机构办理备案，并提供下列材料：（一）营业执照；（二）股权结构、组织机构说明；（三）业务范围、业务规则、业务系统的基本情况；（四）信息安全和风险防范措施。备案事项发生变更的，应当自变更之日起 30 日内向原备案机构办理变更备案。

第十一条

征信机构应当按照国务院征信业监督管理部门的规定，报告上一年度开展征信业务的情况。国务院征信业监督管理部门应当向社会公告经营个人征信业务和企业征信业务的征信机构名单，并及时更新。

第十二条

征信机构解散或者被依法宣告破产的，应当向国务院征信业监督管理部门报告，并按照下列方式处理信息数据库：（一）与其他征信机构约定并经国务院征信业监督管理部门同意，转让给其他征信机构；（二）不能依照前项规定转让的，移交给国务院征信业监督管理部门指定的征信机构；（三）不能依照前两项规定转让、移交的，在国务院征信业监督管理部门的监督下销毁。经营个人征信业务的征信机构解散或者被依法宣告破产的，还应当在国务院征信业监督管理部门指定的媒体上公告，并将个人征信业务经营许可证交国务院征信业监督管理部门注销。

第三章　征信业务规则

第十三条

采集个人信息应当经信息主体本人同意，未经本人同意不得采集。但是，依照法律、行政法规规定公开的信息除外。企业的董事、监事、高级管理人员与其履行职务相关的信息，不作为个人信息。

第十四条

禁止征信机构采集个人的宗教信仰、基因、指纹、血型、疾病和病史信息以及法律、行政法规规定禁止采集的其他个人信息。征信机构不得采集个人的收入、存款、有价证券、商业保险、不动产的信息和纳税数额信息。但是，征信机构明确告知信息主体提供该信息可能产生的不利后果，并取得其书面同意的除外。

第十五条

信息提供者向征信机构提供个人不良信息，应当事先告知信息主体本人。但是，依照法律、行政法规规定公开的不良信息除外。

第十六条

征信机构对个人不良信息的保存期限，自不良行为或者事件终止之日起为 5 年；超过 5 年的，应当予以删除。在不良信息保存期限内，信息主体可以对不良信息作出说明，征信机构应当予以记载。

第十七条

信息主体可以向征信机构查询自身信息。个人信息主体有权每年两次免费获取本人的信用报告。

第十八条

向征信机构查询个人信息的，应当取得信息主体本人的书面同意并约定用途。但是，法律规定可以不经同意查询的除外。征信机构不得违反前款规定提供个人信息。

第十九条

征信机构或者信息提供者、信息使用者采用格式合同条款取得个人信息主体同意的，应当在合同中作出足以引起信息主体注意的提示，并按照信息主体的要求作出明确说明。

第二十条

信息使用者应当按照与个人信息主体约定的用途使用个人信息，不得用作约定以外的用途，不得未经个人信息主体同意向第三方提供。

第二十一条

征信机构可以通过信息主体、企业交易对方、行业协会提供信息，政府有关部门依法已公开的信息，人民法院依法公布的判决、裁定等渠道，采集企业信息。征信机构不得采集法律、行政法规禁止采集的企业信息。

第二十二条

征信机构应当按照国务院征信业监督管理部门的规定，建立健全和严格执行保障信息安全的规章制度，并采取有效技术措施保障信息安全。经营个人征信业务的征信机构应当对其工作人员查询个人信息的权限和程序作出明确规定，对工作人员查询个人信息的情况进行登记，如实记载查询工作人员的姓名，查询的时间、内容及用途。工作人员不得违反规定的权限和程序查询信息，不得泄露工作中获取的信息。

第二十三条

征信机构应当采取合理措施，保障其提供信息的准确性。征信机构提供的信息供信息使用者参考。

第二十四条

征信机构在中国境内采集的信息的整理、保存和加工，应当在中国境内进行。征信机构向境外组织或者个人提供信息，应当遵守法律、行政法规和国务院征信业监督管理部门的有关规定。

第四章　异议和投诉

第二十五条

信息主体认为征信机构采集、保存、提供的信息存在错误、遗漏的，有权向征信机构或者信息提供者提出异议，要求更正。征信机构或者信息提供者收到异议，应当按照国务院征信业监督管理部门的规定对相关信息作出存在异议的标注，自收到异议之日起 20 日内进行核查和处理，并将结果书面答复异议人。经核查，确认相关信息确有错误、遗漏的，信息提供者、征信机构应当予以更正；确认不存在错误、遗漏的，应当取消异议标注；经核查仍不能确认的，对核查情况和异议内容应当予以记载。

第二十六条

信息主体认为征信机构或者信息提供者、信息使用者侵害其合法权益的，可以向所在地的国务院征信业监督管理部门派出机构投诉。受理投诉的机构应当及时进行核查和处理，自受理之日起 30 日内书面答复投诉人。信息主体认为征信机构或者信息提供者、信息使用者侵害其合法权益的，可以直接向人民法院起诉。

第五章　金融信用信息基础数据库

第二十七条

国家设立金融信用信息基础数据库，为防范金融风险、促进金融业发展提供相关信息服务。金融信用信息基础数据库由专业运行机构建设、运行和维护。该运行机构不以营利为目的，由国务院征信业监督管理部门监督管理。

第二十八条

金融信用信息基础数据库接收从事信贷业务的机构按照规定提供的信贷信息。金融信用信息基础数据库为信息主体和取得信息主体本人书面同意的信息使用者提供查询服务。国家机关可以依法查询金融信用信息基础数据库的信息。

第二十九条

从事信贷业务的机构应当按照规定向金融信用信息基础数据库提供信贷信息。从事信贷业务的机构向金融信用信息基础数据库或者其他主体提供信贷信息，应当事先取得信息主体的书面同意，并适用本条例关于信息提供者的规定。

第三十条

不从事信贷业务的金融机构向金融信用信息基础数据库提供、查询信用信息以及金融信用信息基础数据库接收其提供的信用信息的具体办法，由国务院征信业监督管理部门会同国务院有关金融监督管理机构依法制定。

第三十一条

金融信用信息基础数据库运行机构可以按照补偿成本原则收取查询服务费用，收费标准由国务院价格主管部门规定。

第三十二条

本条例第十四条、第十六条、第十七条、第十八条、第二十二条、第二十三条、第二十四条、第二十五条、第二十六条适用于金融信用信息基础数据库运行机构。

第六章 监督管理

第三十三条

国务院征信业监督管理部门及其派出机构依照法律、行政法规和国务院的规定，履行对征信业和金融信用信息基础数据库运行机构的监督管理职责，可以采取下列监督检查措施：（一）进入征信机构、金融信用信息基础数据库运行机构进行现场检查，对向金融信用信息基础数据库提供或者查询信息的机构遵守本条例有关规定的情况进行检查；（二）询问当事人和与被调查事件有关的单位和个人，要求其对与被调查事件有关的事项作出说明；（三）查阅、复制与被调查事件有关的文件、资料，对可能被转移、销毁、隐匿或者篡改的文件、资料予以封存；（四）检查相关信息系统。进行现场检查或者调查的人员不得少于2人，并应当出示合法证件和检查、调查通知书。被检查、调查的单位和个人应当配合，如实提供有关文件、资料，不得隐瞒、拒绝和阻碍。

第三十四条

经营个人征信业务的征信机构、金融信用信息基础数据库、向金融信用信息基础数据库提供或者查询信息的机构发生重大信息泄露等事件的，国务院征信业监督管理部门可以采取临时接管相关信息系统等必要措施，避免损害扩大。

第三十五条

国务院征信业监督管理部门及其派出机构的工作人员对在工作中知悉的国家秘密和信息主体的信息，应当依法保密。

第七章 法律责任

第三十六条

未经国务院征信业监督管理部门批准，擅自设立经营个人征信业务的征信机构或者从事个人征信业务活动的，由国务院征信业监督管理部门予以取缔，没收违法所得，并处5万元以上50万元以下的罚款；构成犯罪的，依法追究刑事责任。

第三十七条

经营个人征信业务的征信机构违反本条例第九条规定的，由国务院征信业监督管理部门责令限期改正，对单位处 2 万元以上 20 万元以下的罚款；对直接负责的主管人员和其他直接责任人员给予警告，处 1 万元以下的罚款。经营企业征信业务的征信机构未按照本条例第十条规定办理备案的，由其所在地的国务院征信业监督管理部门派出机构责令限期改正；逾期不改正的，依照前款规定处罚。

第三十八条

征信机构、金融信用信息基础数据库运行机构违反本条例规定，有下列行为之一的，由国务院征信业监督管理部门或者其派出机构责令限期改正，对单位处 5 万元以上 50 万元以下的罚款；对直接负责的主管人员和其他直接责任人员处 1 万元以上 10 万元以下的罚款；有违法所得的，没收违法所得。给信息主体造成损失的，依法承担民事责任；构成犯罪的，依法追究刑事责任：（一）窃取或者以其他方式非法获取信息；（二）采集禁止采集的个人信息或者未经同意采集个人信息；（三）违法提供或者出售信息；（四）因过失泄露信息；（五）逾期不删除个人不良信息；（六）未按照规定对异议信息进行核查和处理；（七）拒绝、阻碍国务院征信业监督管理部门或者其派出机构检查、调查或者不如实提供有关文件、资料；（八）违反征信业务规则，侵害信息主体合法权益的其他行为。经营个人征信业务的征信机构有前款所列行为之一，情节严重或者造成严重后果的，由国务院征信业监督管理部门吊销其个人征信业务经营许可证。

第三十九条

征信机构违反本条例规定，未按照规定报告其上一年度开展征信业务情况的，由国务院征信业监督管理部门或者其派出机构责令限期改正；逾期不改正的，对单位处 2 万元以上 10 万元以下的罚款；对直接负责的主管人员和其他直接责任人员给予警告，处 1 万元以下的罚款。

第四十条

向金融信用信息基础数据库提供或者查询信息的机构违反本条例规定，有下列行为之一的，由国务院征信业监督管理部门或者其派出机构责令限期改正，对单位处 5 万元以上 50 万元以下的罚款；对直接负责的主管人员和其他直接责任人员处 1 万元以上 10 万元以下的罚款；有违法所得的，没收违法所得。给信息主体造成损失的，依法承担民事责任；构成犯罪的，依法追究刑事责任：（一）违法提供或者出售信息；（二）因过失泄露信息；（三）未经同意查询个人信息或者企业的信贷信息；（四）未按照规定处理异议或者对确有错误、遗漏的信息不予更正；（五）拒绝、阻碍国务院征信业监督管理部门或者其派出机构检查、调查或者不如实提供有关文件、资料。

第四十一条

信息提供者违反本条例规定，向征信机构、金融信用信息基础数据库提供非依法公开的个人不良信息，未事先告知信息主体本人，情节严重或者造成严重后果的，由国务院征信业监督管理部门或者其派出机构对单位处 2 万元以上 20 万元以下的罚款；对个人处 1 万元以上 5 万元以下的罚款。

第四十二条

信息使用者违反本条例规定，未按照与个人信息主体约定的用途使用个人信息或者未经个人信息主体同意向第三方提供个人信息，情节严重或者造成严重后果的，由国务院征信业监督管理部门或者其派出机构对单位处 2 万元以上 20 万元以下的罚款；对个人处 1 万元以上 5 万元以下的罚款；有违法所得的，没收违法所得。给信息主体造成损失的，依法承担民事责任；构成犯罪的，依法追究刑事责任。

第四十三条

国务院征信业监督管理部门及其派出机构的工作人员滥用职权、玩忽职守、徇私舞弊，不依法履行监督管理职责，或者泄露国家秘密、信息主体信息的，依法给予处分。给信息主体造成损失的，依法承担民事责任；构成犯罪的，依法追究刑事责任。

第八章　附　则

第四十四条

本条例下列用语的含义：（一）信息提供者，是指向征信机构提供信息的单位和个人，以及向金融信用信息基础数据库提供信息的单位。（二）信息使用者，是指从征信机构和金融信用信息基础数据库获取信息的单位和个人。

（三）不良信息，是指对信息主体信用状况构成负面影响的下列信息：信息主体在借贷、赊购、担保、租赁、保险、使用信用卡等活动中未按照合同履行义务的信息，对信息主体的行政处罚信息，人民法院判决或者裁定信息主体履行义务以及强制执行的信息，以及国务院征信业监督管理部门规定的其他不良信息。

第四十五条

外商投资征信机构的设立条件，由国务院征信业监督管理部门会同国务院有关部门制定，报国务院批准。境外征信机构在境内经营征信业务，应当经国务院征信业监督管理部门批准。

第四十六条

本条例施行前已经经营个人征信业务的机构，应当自本条例施行之日起 6 个月内，依照本条例的规定申请个人征信业务经营许可证。本条例施行前已经经营企业征信业务的机构，应当自本条例施行之日起 3 个月内，依照本条例的规定办理备案。

第四十七条

本条例自 2013 年 3 月 15 日起施行。

附录4 企业信息公示暂行条例

国务院令第 654 号

第一条 为了保障公平竞争，促进企业诚信自律，规范企业信息公示，强化企业信用约束，维护交易安全，提高政府监管效能，扩大社会监督，制定本条例。

第二条 本条例所称企业信息，是指在工商行政管理部门登记的企业从事生产经营活动过程中形成的信息，以及政府部门在履行职责过程中产生的能够反映企业状况的信息。

第三条 企业信息公示应当真实、及时。公示的企业信息涉及国家秘密、国家安全或者社会公共利益的，应当报请主管的保密行政管理部门或者国家安全机关批准。县级以上地方人民政府有关部门公示的企业信息涉及企业商业秘密或者个人隐私的，应当报请上级主管部门批准。

第四条 省、自治区、直辖市人民政府领导本行政区域的企业信息公示工作，按照国家社会信用信息平台建设的总体要求，推动本行政区域企业信用信息公示系统的建设。

第五条 国务院工商行政管理部门推进、监督企业信息公示工作，组织企业信用信息公示系统的建设。国务院其他有关部门依照本条例规定做好企业信息公示相关工作。

县级以上地方人民政府有关部门依照本条例规定做好企业信息公示工作。

第六条 工商行政管理部门应当通过企业信用信息公示系统，公示其在履行职责过程中产生的下列企业信息：

（一）注册登记、备案信息；

（二）动产抵押登记信息；

（三）股权出质登记信息；

（四）行政处罚信息；

（五）其他依法应当公示的信息。

前款规定的企业信息应当自产生之日起20个工作日内予以公示。

第七条 工商行政管理部门以外的其他政府部门（以下简称其他政府部门）应当公示其在履行职责过程中产生的下列企业信息：

（一）行政许可准予、变更、延续信息；

（二）行政处罚信息；

（三）其他依法应当公示的信息。

其他政府部门可以通过企业信用信息公示系统，也可以通过其他系统公示前款规定的企业信息。工商行政管理部门和其他政府部门应当按照国家社会信用信息平台建设的总体要求，实现企业信息的互联共享。

第八条 企业应当于每年1月1日至6月30日，通过企业信用信息公示系统向工商行政管理部门报送上一年度年度报告，并向社会公示。

当年设立登记的企业，自下一年起报送并公示年度报告。

第九条 企业年度报告内容包括：

（一）企业通信地址、邮政编码、联系电话、电子邮箱等信息；

（二）企业开业、歇业、清算等存续状态信息；

（三）企业投资设立企业、购买股权信息；

（四）企业为有限责任公司或者股份有限公司的，其股东或者发起人认缴和实缴的出资额、出资时间、出资方式等信息；

（五）有限责任公司股东股权转让等股权变更信息；

（六）企业网站以及从事网络经营的网店的名称、网址等信息；

（七）企业从业人数、资产总额、负债总额、对外提供保证担保、所有者权益合计、营业总收入、主营业务收入、利润总额、净利润、纳税总额信息。

前款第一项至第六项规定的信息应当向社会公示，第七项规定的信息由企业选择是否向社会公示。

经企业同意，公民、法人或者其他组织可以查询企业选择不公示的信息。

第十条　企业应当自下列信息形成之日起 20 个工作日内通过企业信用信息公示系统向社会公示：

（一）有限责任公司股东或者股份有限公司发起人认缴和实缴的出资额、出资时间、出资方式等信息；

（二）有限责任公司股东股权转让等股权变更信息；

（三）行政许可取得、变更、延续信息；

（四）知识产权出质登记信息；

（五）受到行政处罚的信息；

（六）其他依法应当公示的信息。

工商行政管理部门发现企业未依照前款规定履行公示义务的，应当责令其限期履行。

第十一条　政府部门和企业分别对其公示信息的真实性、及时性负责。

第十二条　政府部门发现其公示的信息不准确的，应当及时更正。公民、法人或者其他组织有证据证明政府部门公示的信息不准确的，有权要求该政府部门予以更正。

企业发现其公示的信息不准确的，应当及时更正；但是，企业年度报告公示信息的更正应当在每年 6 月 30 日之前完成。更正前后的信息应当同时公示。

第十三条　公民、法人或者其他组织发现企业公示的信息虚假的，可以向工商行政管理部门举报，接到举报的工商行政管理部门应当自接到举报材料之日起 20 个工作日内进行核查，予以处理，并将处理情况书面告知举报人。

公民、法人或者其他组织对依照本条例规定公示的企业信息有疑问的，可以向政府部门申请查询，收到查询申请的政府部门应当自收到申请之日起 20 个工作日内书面答复申请人。

第十四条　国务院工商行政管理部门和省、自治区、直辖市人民政府工商行政管理部门应当按照公平规范的要求，根据企业注册号等随机摇号，确定抽查的企业，组织对企业公示信息的情况进行检查。

工商行政管理部门抽查企业公示的信息，可以采取书面检查、实地核查、网络监测等方式。工商行政管理部门抽查企业公示的信息，可以委托会计师事务所、税务师事务所、律师事务所等专业机构开展相关工作，并依法利用其他政府部门作出的检查、核查结果或者专业机构作出的专业结论。

抽查结果由工商行政管理部门通过企业信用信息公示系统向社会公布。

第十五条　工商行政管理部门对企业公示的信息依法开展抽查或者根据举报进行核查，企业应当配合，接受询问调查，如实反映情况，提供相关材料。

对不予配合情节严重的企业，工商行政管理部门应当通过企业信用信息公示系统公示。

第十六条　任何公民、法人或者其他组织不得非法修改公示的企业信息，不得非法获取企业信息。

第十七条　有下列情形之一的，由县级以上工商行政管理部门列入经营异常名录，通过企业信用信息公示系统向社会公示，提醒其履行公示义务；情节严重的，由有关主管部门依照有关法律、行政法规规定给予行政处罚；造成他人损失的，依法承担赔偿责任；构成犯罪的，依法追究刑事责任：

（一）企业未按照本条例规定的期限公示年度报告或者未按照工商行政管理部门责令的期限公示有关企业信息的；

（二）企业公示信息隐瞒真实情况、弄虚作假的。

被列入经营异常名录的企业依照本条例规定履行公示义务的，由县级以上工商行政管理部门移出经营异常名录；满3年未依照本条例规定履行公示义务的，由国务院工商行政管理部门或者省、自治区、直辖市人民政府工商行政管理部门列入严重违法企业名单，并通过企业信用信息公示系统向社会公示。被列入严重违法企业名单的企业的法定代表人、负责人，3年内不得担任其他企业的法定代表人、负责人。

企业自被列入严重违法企业名单之日起满5年未再发生第一款规定情形的，由国务院工商行政管理部门或者省、自治区、直辖市人民政府工商行政管理部门移出严重违法企业名单。

第十八条　县级以上地方人民政府及其有关部门应当建立健全信用约束机制，在政府采购、工程招投标、国有土地出让、授予荣誉称号等工作中，将企业信息作为重要考量因素，对被列入经营异常名录或者严重违法企业名单的企业依法予以限制或者禁入。

第十九条　政府部门未依照本条例规定履行职责的，由监察机关、上一级政府部门责令改正；情节严重的，对负有责任的主管人员和其他直接责任人员依法给予处分；构成犯罪的，依法追究刑事责任。

第二十条 非法修改公示的企业信息，或者非法获取企业信息的，依照有关法律、行政法规规定追究法律责任。

第二十一条 公民、法人或者其他组织认为政府部门在企业信息公示工作中的具体行政行为侵犯其合法权益的，可以依法申请行政复议或者提起行政诉讼。

第二十二条 企业依照本条例规定公示信息，不免除其依照其他有关法律、行政法规规定公示信息的义务。

第二十三条 法律、法规授权的具有管理公共事务职能的组织公示企业信息适用本条例关于政府部门公示企业信息的规定。

第二十四条 国务院工商行政管理部门负责制定企业信用信息公示系统的技术规范。

个体工商户、农民专业合作社信息公示的具体办法由国务院工商行政管理部门另行制定。

第二十五条 本条例自 2014 年 10 月 1 日起施行。

附录5 征信机构管理办法

中国人民银行令〔2013〕第1号

第一章 总 则

第一条 为加强对征信机构的监督管理，促进征信业健康发展，根据《中华人民共和国中国人民银行法》、《中华人民共和国公司法》、《征信业管理条例》等法律法规，制定本办法。

第二条 本办法所称征信机构，是指依法设立、主要经营征信业务的机构。

第三条 中国人民银行依法履行对征信机构的监督管理职责。中国人民银行分支机构在总行的授权范围内，履行对辖区内征信机构的监督管理职责。

第四条 征信机构应当遵守法律、行政法规和中国人民银行的规定，诚信经营，不得损害国家利益、社会公共利益，不得侵犯他人合法权益。

第二章 机构的设立、变更与终止

第五条 设立个人征信机构应当经中国人民银行批准。

第六条 设立个人征信机构，除应当符合《征信业管理条例》第六条规定外，还应当具备以下条件：

（一）有健全的组织机构；

（二）有完善的业务操作、信息安全管理、合规性管理等内控制度；

（三）个人信用信息系统符合国家信息安全保护等级二级或二级以上标准。

《征信业管理条例》第六条第一项所称主要股东是指出资额占公司资本总额 5%以上或者持股占公司股份 5%以上的股东。

第七条　申请设立个人征信机构，应当向中国人民银行提交下列材料：

（一）个人征信机构设立申请表；

（二）征信业务可行性研究报告，包括发展规划、经营策略等；

（三）公司章程；

（四）股东关联关系和实际控制人说明；

（五）主要股东最近 3 年无重大违法违规行为的声明以及主要股东的信用报告；

（六）拟任董事、监事和高级管理人员任职资格证明；

（七）组织机构设置以及人员基本构成说明；

（八）已经建立的内控制度，包括业务操作、安全管理、合规性管理等；

（九）具有国家信息安全等级保护测评资质的机构出具的个人信用信息系统安全测评报告，关于信息安全保障措施的说明和相关安全保障制度；

（十）营业场所所有权或者使用权证明文件；

（十一）工商行政管理部门出具的企业名称预先核准通知书复印件。

中国人民银行可以通过实地调查、面谈等方式对申请材料进行核实。

第八条　中国人民银行在受理个人征信机构设立申请后公示申请人的下列事项：

（一）拟设立征信机构的名称、营业场所、业务范围；

（二）拟设立征信机构的资本；

（三）拟设立征信机构的主要股东名单及其出资额或者所持股份；

（四）拟任征信机构的董事、监事和高级管理人员名单。

第九条　中国人民银行自受理个人征信机构设立申请之日起 60 日内对申请事项进行审查，并根据有利于征信业公平竞争和健康发展的审慎性原则作出批准或者不予批准的决定。决定批准的，依法颁发个人征信业务经营许可证；决定不予批准的，应当作出书面决定。

第十条　经批准设立的个人征信机构，凭个人征信业务经营许可证向公司登记机关办理登记，领取营业执照；个人征信机构应当自公司登记机关准予登记之日起 20 日内，向中国人民银行提交营业执照复印件。

第十一条　个人征信机构拟合并或者分立的，应当向中国人民银行提出申请，说明申请和理由，并提交相关证明材料。

中国人民银行自受理申请之日起 20 日内，作出批准或者不予批准的书面决定。

第十二条　个人征信机构拟变更资本、主要股东的，应当向中国人民银行提出申请，说明变更事项和变更理由，并提交相关证明材料。

中国人民银行自受理申请之日起 20 日内，作出批准或者不予批准的书面决定。

第十三条　个人征信机构拟设立分支机构的，应当符合以下条件：

（一）对拟设立分支机构的可行性已经进行充分论证；

（二）最近 3 年无受到重大行政处罚的记录。

第十四条　个人征信机构申请设立分支机构，应当向中国人民银行提交下列材料：

（一）个人征信机构分支机构设立申请表；

（二）个人征信机构上一年度经审计的财务会计报告；

（三）设立分支机构的可行性论证报告，包括拟设立分支机构的 3 年业务发展规划、市场分析和经营方针等；

（四）针对设立分支机构所作出的内控制度安排和风险防范措施；

（五）个人征信机构最近 3 年未受重大行政处罚的声明；

（六）拟任职的分支机构高级管理人员履历材料。

中国人民银行自受理申请之日起 20 日内，作出批准或者不予批准的书面决定。

第十五条　个人征信机构变更机构名称、营业场所、法定代表人的，应当向中国人民银行申请变更个人征信业务经营许可证记载事项。

个人征信机构应当在个人征信业务经营许可证记载事项变更后，向公司登记机关办理变更登记，并自公司登记机关准予变更之日起 20 日内，向中国人民银行备案。

第十六条　个人征信业务经营许可证应当在个人征信机构营业场所的显著

位置公示。

第十七条 个人征信机构应当妥善保管个人征信业务经营许可证，不得涂改、倒卖、出租、出借、转让。

第十八条 个人征信业务经营许可证有效期为 3 年。有效期届满需要续展的，应当在有效期届满 60 日前向中国人民银行提出申请，换发个人征信业务经营许可证。

有效期届满不再续展的，个人征信机构应当在个人征信业务经营许可证有效期届满 60 日前向中国人民银行报告，并依照本办法第二十条的规定，妥善处理信息数据库，办理个人征信业务经营许可证注销手续；个人征信机构在个人征信业务经营许可证有效期届满 60 日前未提出续展申请的，中国人民银行可以在个人征信业务经营许可证有效期届满之日注销其个人征信业务经营许可证，并依照《征信业管理条例》第十二条的规定处理信息数据库。

第十九条 设立企业征信机构，应当符合《中华人民共和国公司法》规定的公司设立条件，自公司登记机关准予登记之日起 30 日内向所在地的中国人民银行省会（首府）城市中心支行以上分支机构办理备案，并提交下列材料：

（一）企业征信机构备案表；

（二）营业执照复印件；

（三）股权结构说明，包括资本、股东名单及其出资额或者所持股份；

（四）组织机构设置以及人员基本构成说明；

（五）业务范围和业务规则基本情况报告；

（六）业务系统的基本情况，包括企业信用信息系统建设情况报告和具有国家信息安全等级保护测评资质的机构出具的企业信用信息系统安全测评报告；

（七）信息安全和风险防范措施，包括已经建立的内控制度和安全管理制度。

企业征信机构备案事项发生变更的，应当自变更之日起 30 日内向备案机构办理变更备案。

第二十条 个人征信机构因解散或者被依法宣告破产等原因拟终止征信业

务的，应当在拟终止之日前 60 日向中国人民银行报告退出方案，并依照《征信业管理条例》第十二条第一款规定处理信息数据库。

个人征信机构终止征信业务的，应当自终止之日起 20 日内，在中国人民银行指定的媒体上公告，并办理个人征信业务经营许可证注销手续，将许可证缴回中国人民银行；逾期不缴回的，中国人民银行应当依法收缴。

第二十一条　企业征信机构因解散或者被依法宣告破产等原因拟终止征信业务的，应当在拟终止之日前 60 日向中国人民银行报告退出方案，并依照《征信业管理条例》第十二条第一款规定处理信息数据库。

第三章　高级任职人员管理

第二十二条　个人征信机构的董事、监事、高级管理人员，应当在任职前取得中国人民银行核准的任职资格。

第二十三条　取得个人征信机构董事、监事和高级管理人员任职资格，应当具备以下条件：

（一）正直诚实，品行良好；

（二）具有大专以上学历；

（三）从事征信工作 3 年以上或者从事金融、法律、会计、经济工作 5 年以上；

（四）具有履行职责所需的管理能力；

（五）熟悉与征信业务相关的法律法规和专业知识。

第二十四条　有下列情形之一的，不得担任个人征信机构董事、监事和高级管理人员：

（一）因贪污、贿赂、侵占财产、挪用财产或者破坏社会主义市场经济秩序，被判处刑罚，或者因犯罪被剥夺政治权利，执行期满未逾 5 年的；

（二）最近 3 年有重大违法违规记录的。

本办法所称重大违法违规记录，是指除前款第一项所列之外的犯罪记录或者重大行政处罚记录。

第二十五条　个人征信机构向中国人民银行申请核准董事、监事和高级管理人员的任职资格，应当提交下列材料：

（一）董事、监事和高级管理人员任职资格申请表；

（二）拟任职的董事、监事和高级管理人员的个人履历材料；

（三）拟任职的董事、监事和高级管理人员的学历证书复印件；

（四）拟任职的董事、监事和高级管理人员最近 3 年无重大违法违规记录的声明；

（五）拟任职的董事、监事和高级管理人员的个人信用报告。

个人征信机构应当如实提交前款规定的材料，个人征信机构以及拟任职的董事、监事和高级管理人员应当对材料的真实性、完整性负责。中国人民银行根据需要对材料的真实性进行核实，并对申请任职资格的董事、监事和高级管理人员进行考察或者谈话。

第二十六条　中国人民银行依法对个人征信机构董事、监事和高级管理人员的任职资格进行审查，作出核准或者不予核准的书面决定。

第二十七条　企业征信机构的董事、监事、高级管理人员，应当由任职的征信机构自任命之日起 20 日内向所在地的中国人民银行省会（首府）城市中心支行以上分支机构备案，并提交下列材料：

（一）董事、监事、高级管理人员备案表；

（二）董事、监事、高级管理人员的个人履历材料；

（三）董事、监事、高级管理人员的学历证书复印件；

（四）董事、监事、高级管理人员的备案材料真实性声明。

企业征信机构的董事、监事、高级管理人员发生变更的，应当自变更之日起 20 日内向备案机构办理变更备案。

第四章　监督管理

第二十八条　个人征信机构应当在每年第一季度末，向中国人民银行报告上一年度征信业务开展情况。

企业征信机构应当在每年第一季度末，向备案机构报告上一年度征信业务开展情况。

报告内容应当包括信用信息采集、征信产品开发、信用信息服务、异议处理以及信用信息系统建设情况，信息安全保障情况等。

第二十九条 个人征信机构应当按规定向中国人民银行报送征信业务统计报表、财务会计报告、审计报告等资料。

企业征信机构应当按规定向备案机构报送征信业务统计报表、财务会计报告、审计报告等资料。

征信机构应当对报送的报表和资料的真实性、准确性、完整性负责。

第三十条 征信机构应当按照国家信息安全保护等级测评标准，对信用信息系统的安全情况进行测评。

征信机构信用信息系统安全保护等级为二级的，应当每两年进行测评；信用信息系统安全保护等级为三级以及以上的，应当每年进行测评。

个人征信机构应当自具有国家信息安全等级保护测评资质的机构出具测评报告之日起 20 日内，将测评报告报送中国人民银行，企业征信机构应当将测评报告报送备案机构。

第三十一条 征信机构有下列情形之一的，中国人民银行及其分支机构可以将其列为重点监管对象：

（一）上一年度发生严重违法违规行为的；

（二）出现可能发生信息泄露征兆的；

（三）出现财务状况异常或者严重亏损的；

（四）被大量投诉的；

（五）未按本办法第二十八条、第二十九条、第三十条规定报送相关材料的；

（六）中国人民银行认为需要重点监管的其他情形。

征信机构被列为重点监管对象的，中国人民银行及其分支机构可以酌情缩短征信机构报告征信业务开展情况、进行信用信息系统安全情况测评的周期，并采取相应的监管措施，督促征信机构整改。

整改后第一款中所列情形消除的，中国人民银行及其分支机构可不再将其列为重点监管对象。

第三十二条 中国人民银行及其分支机构可以根据监管需要，约谈征信机构董事、监事和高级管理人员，要求其就征信业务经营、风险控制、内部管理等有关重大事项作出说明。

第五章　罚　则

第三十三条　申请设立个人征信机构的申请人隐瞒有关情况或者提供虚假材料的，中国人民银行依照《中华人民共和国行政许可法》的相关规定进行处罚。

第三十四条　个人征信机构的个人信用信息系统未达到国家信息安全保护等级二级或者二级以上要求的，中国人民银行可以责令整顿；情节严重或者拒不整顿的，中国人民银行依照《征信业管理条例》第三十八条的规定，吊销其个人征信业务经营许可证。

第三十五条　申请个人征信机构的董事、监事、高级管理人员任职资格的申请人隐瞒有关情况或者提供虚假材料的，中国人民银行不予受理或者不予核准其任职资格，并给予警告；已经核准的，取消其任职资格。

禁止上述申请人 3 年内再次申请任职资格。

第三十六条　个人征信机构任命未取得任职资格董事、监事、高级管理人员的，由中国人民银行责令改正并给予警告；情节严重的，处 1 万元以上 3 万元以下罚款。

企业征信机构任命董事、监事、高级管理人员未及时备案或者变更备案，以及在备案中提供虚假材料的，由中国人民银行分支机构责令改正并给予警告；情节严重的，处 1 万元以上 3 万元以下罚款。

第三十七条　征信机构违反本办法第二十九条、第三十条规定的，由中国人民银行及其分支机构责令改正；情节严重的，处 1 万元以上 3 万元以下罚款；涉嫌犯罪的，依法移交司法机关追究其刑事责任。

第六章　附　则

第三十八条　本办法由中国人民银行负责解释。

第三十九条　本办法自 2013 年 12 月 20 日起施行。

附录6 企业征信机构备案管理办法

中国人民银行（银发〔2016〕253号）

第一章 总 则

第一条 为规范企业征信机构备案管理，促进企业征信市场健康发展，根据《中华人民共和国中国人民银行法》、《征信业管理条例》、《征信机构管理办法》（中国人民银行令〔2013〕第1号发布）等法律法规规章，制定本办法。

第二条 本办法所称企业征信机构，是指符合《征信业管理条例》第五条规定，主要采集企业和事业单位等组织的信用信息，并进行整理、保存、加工和向信息使用者提供的机构。

第三条 人民银行制定企业征信机构备案管理规则，人民银行省会（首府）城市中心支行以上分支机构（以下统称人民银行省级分支行）具体负责辖区内企业征信机构备案工作。

第四条 人民银行省级分支行为企业征信机构办理备案，不视为对企业征信机构数据质量、业务水平、内控与风险管理能力、IT技术实力、业务合规等方面的认可或者保证。

企业征信机构不得利用人民银行备案进行夸大宣传、虚假宣传，也不得用其作为融资增信手段。

第五条 企业征信机构在注册地的人民银行省级分支行办理备案，并接受其监督管理。

企业征信机构在备案地以外区域开展企业征信业务，设立分支机构的，应当向分支机构所在地的人民银行省级分支行申请备案，其分支机构业务由所在地人民银行分支行负责管理；不设立分支机构的，其业务由备案地人民银行分支行负责管理。

第二章 备案的受理

第六条 设立企业征信机构应当符合《中华人民共和国公司法》规定的公司设立条件，自公司登记机关准予登记之日起 30 日内向注册地的人民银行省级分支行办理备案。

第七条 人民银行省级分支行收到机构备案申请后，应当对其业务性质、信息内容进行判断，依法应当认定为企业征信机构的，对其备案申请予以受理；依法不应当认定为企业征信机构的，对其备案申请不予受理。

第八条 企业征信机构申请备案的，应当按照《征信机构管理办法》第十九条、《征信机构监管指引》（银发〔2015〕336 号文印发）第七条的规定提交申请材料。

第九条 企业征信机构提交的备案材料不齐全或者不符合要求的，人民银行省级分支行应当告知企业征信机构在 30 日内补充材料；逾期未补充的，不予受理备案申请。

第十条 人民银行省级分支行对企业征信机构提交的备案材料审查确认无误的，应当受理备案申请。

第十一条 人民银行省级分支行受理企业征信机构的备案申请后，应当对其高级管理人员掌握征信法规的情况进行评估，指导企业征信机构高级管理人员熟悉征信相关法规。

第三章 备案的审核

第十二条 人民银行省级分支行应当对申请备案机构提交的备案材料进行真实性审核审核时可以采用实地考察、函询有关政府部门等方式。

第十三条 人民银行省级分支行受理企业征信机构备案申请的，应当在本单位网站对备案机构的名称、营业场所、业务范围、注册资本、主要股东及其出资额、高管人员、信用信息系统安全等级等情况进行公示。公示期限不得少于三个月。

第十四条　企业征信机构提交的备案材料真实、准确、完整，且业务具有可行性、公示期间无异议的，人民银行省级分支行应当办理备案。

公示期间存在异议的，人民银行省级分支行应当对异议情况进行核查。核查后认为异议不成立的，应当办理备案；异议成立的，应当拒绝办理备案。

第十五条　人民银行省级分支行完成企业征信机构备案后，应当在 5 个工作日内将备案情况报人民银行总行。

第十六条　人民银行及其省级分支行通过各自网站同步公告备案企业征信机构情况，并实施在线名单管理。

公告内容包括企业征信机构的名称、营业场所、业务范围、注册资本、主要股东及其出资额、高管人员、信用信息系统安全等级。

第十七条　企业征信机构备案事项发生变更的，应当在变更之日起 30 日内向原备案机构办理变更备案。控股股东或者实际控制人发生变更的，应当按新设机构的备案标准进行备案审核。

第十八条　企业征信机构设立分支机构的，应当报告注册地人民银行省级分支行，并向分支机构所在地的人民银行省级分支行提交以下材料：

（一）企业征信机构分支机构备案表；

（二）营业执照复印件；

（三）经营场所证明文件；

（四）组织机构及高管人员构成情况说明；

（五）分支机构内控制度、业务规则。

第十九条　企业征信机构有下列情形之一，人民银行省级分支行不得为其办理备案：

（一）提供虚假备案申请材料的；

（二）被列入"信用中国"网站黑名单的。

第四章　备案的管理

第二十条　企业征信机构备案后，应当按照规定接入人民银行征信管理系统。

第二十一条　人民银行省级分支行办理企业征信机构备案后，应当在征信管理系统中及时、准确、完整地填报企业征信机构相关信息。

第二十二条　人民银行及省级分支行对企业征信机构备案实行动态管理。

人民银行省级分支行在日常监管或者开展现场检查中发现备案企业征信机构存在下列情形之一的，可以注销其备案：

（一）《征信机构监管指引》第十条规定的情形；

（二）企业征信机构备案后连续六个月未实质开展相关业务；

（三）被工商管理部门注销或者吊销营业执照。人民银行省级分支行应当每两年对企业征信机构的备案情况审核一次，审核中发现企业征信机构存在上述情形之一的，可以注销其备案。

第二十三条　人民银行省级分支行注销企业征信机构备案的，应当在注销之日起5个工作日内将注销情况报人民银行总行，并将被注销的企业征信机构同步清退出备案名单。

第五章　附　则

第二十四条　任何组织不得采用加盟、代理、挂靠等方式从事企业征信业务。

本办法实施前，存在加盟、代理、挂靠方式的企业征信机构，应当在本办法自实施之日起六个月内进行整改；逾期未完成整改的，注销其备案。

第二十五条　本办法实施后，由人民银行及其省级分支行同步对外公布备案征信机构名单。人民银行省级分支行不再颁发纸质《企业征信机构备案证》，此前发放的纸质《企业征信机构备案证》自前款规定的企业征信机构名单公布之日起作废。

第二十六条　外商投资企业征信机构申请备案的，依照人民银行、商务部关于设立外商投资征信机构的公告和本办法办理。外商投资机构境内再投资设立企业征信机构申请备案的，人民银行省级分支行可以通过函询当地商务部门的方式确定企业征信机构的外商投资性质。

第二十七条　自本办法实施之日起，人民银行省级分支行应当在六个月内对已备案的企业征信机构完成清理。对于不符合本办法规定的企业征信机构要求其限期整改，逾期未完成整改的，或者依法不应当认定为企业征信机构的，注销其备案。

第二十八条　本办法自印发之日起实施，此前规定与本办法不一致的以本办法为准。

参考文献

［1］埃里克·尤斯拉纳．信任的道德基础［M］．张敦敏，译，北京：中国社会科学出版社，2006．

［2］安建．征信业管理条例释义［M］．北京：中国民主法制出版社，2013．

［3］陈建．信用评分模型技术与应用［M］．北京：中国财政经济出版社，2007．

［4］程民选．信用的经济学分析［M］．北京：中国社会科学出版社，2010．

［5］范水兰．企业征信法律制度及运行机制［M］．北京：法律出版社，2017．

［6］葛华勇．征信工作实务［M］．北京：中国金融出版社，2012．

［7］关伟．企业信用管理［M］．北京：中国人民大学出版社，2009．

［8］胡维熊．企业信用管理理论与实践［M］．上海：上海财经大学出版社，2008．

［9］关伟，袁星煜，周泽伽．第三方信用机构发展与变革［M］．北京：中央编译出版社，2017．

［10］林钧跃．征信技术基础［M］．北京：中国方正出版社，2002．

［11］林铁钢．征信概论［M］．北京：中国金融出版社，2012．

［12］汪路．征信：若干基本问题及其顶层设计［M］．北京：中国金融出版社，2018．

［13］维克托·迈尔－舍恩伯格．大数据时代［M］．周涛，译，杭州：浙

江人民出版社，2014.

［14］尼古拉·杰因茨．金融隐私——征信制度国际比较［M］.万存知，译，北京：中国金融出版社，2009.

［15］李曙光．中国征信体系框架与发展模式［M］.北京：科学出版社，2006.

［16］吴晶妹．信用管理概论［M］.上海：上海财经大学出版社，2011.

［17］叶谦等．征信理论与实务［M］.北京：高等教育出版社，2015.

［18］零壹财经·零壹智库．金融基石：全球征信行业前沿［M］.北京：电子工业出版社，2018.

［19］张强，黄卫东．社会信用体系建设的理论与实践，长沙：湖南大学出版社，2009.

［20］钟晓鹰．企业征信原理［M］.北京：中国金融出版社，2002.

［21］中国征信所．征信要领——理论、实务与案例［M］.北京：中国方正出版社，2005.

［22］中国人民银行征信管理局．现代征信学［M］.北京：中国金融出版社，2015.